T0269849

Neuromaternal

Susana Carmona

Neuromaternal

¿Qué le pasa a mi cerebro durante
el embarazo y la maternidad?

Penguin
Random House
Grupo Editorial

Primera edición: marzo de 2024
Primera reimpresión: marzo de 2024

© 2024, Susana Carmona
© 2024, Penguin Random House Grupo Editorial, S. A. U.
Travessera de Gràcia, 47-49. 08021 Barcelona
Imágenes creadas con BioRender.com

Printed in Spain – Impreso en España

ISBN: 978-84-666-7808-7
Depósito legal: B-728-2024

Compuesto en Llibresimes, S. L.

Impreso en Black Print CPI Ibérica
Sant Andreu de la Barca (Barcelona)

BS 7 8 0 8 7

Para Alexandra

Índice

Prólogo

La escritora Phil Camino nos recuerda la creencia de que son necesarias diez lunas blancas para que brille la luz de un nuevo hijo. Pero ¿cuántas lunas hacen falta para que una mujer se sienta madre? Phil no sabe si hay una respuesta única, si cada madre tiene la suya o si esta sigue siendo tan misteriosa como lo es el origen del universo. Para Phil, ser madre tiene mucho que ver con comprender la clase de mujer que somos o queremos ser. Y para ello, debemos entender qué sucede en nosotras, en nuestro cuerpo, en nuestra mente, en nuestro cerebro, durante ese hechicero proceso de alfarería que es el embarazo.

La literatura científica en torno al embarazo es cada vez más extensa y completa. Ha traspasado la frontera de la divulgación hasta estar en manos prácticamente de toda mujer embarazada y, entre sus frutos, está el mayor cuidado en los hábitos de estilo de vida de las mujeres gestantes. Pero esa literatura se centra exclusivamente en el desarrollo del feto o en la salud física de la madre. Acogemos con profundo agradecimiento los estudios y las directrices que se ocupan, entre otras cuestiones, de alertarnos de la falta de vitaminas, de equilibrar nuestra tensión o de moderar las hormonas, y que nos invitan a movernos y a extremar la cautela en la dieta. Pero muchas hemos echado de menos literatura científica sobre cómo cambia nuestro cerebro durante el proceso de convertirnos en madres. Era necesaria una investigación centrada en la mujer, gestante, pero mujer al fin y al cabo. Gracias, Susana. GRACIAS por investigar sobre estos temas y por escribir este libro tan necesario y que me hubiera encantado leer durante mi embarazo.

En el año 2017, la prestigiosa revista *Nature Neuroscience* publicó un estudio en el que se evidenciaba por primera vez que el embarazo conlleva cambios sustanciales y duraderos en el cerebro de la madre. Entre las autoras de tan revolucionario estudio se encontraba la doctora en Neurociencias Susana Carmona, una brillante científica que lidera el grupo de Investigación NeuroMaternal del Instituto de Investigación Sanitaria Gregorio Marañón de Madrid. Ella y su equipo estudian cómo cambia el cerebro de la madre integrando datos hormonales, conductuales, cognitivos, clínicos y de neuroimagen. Aún hoy me cuesta creer que estos estudios sean una novedad. Una ciencia que es capaz de guiar un robot hasta otro planeta y que bucea en los secretos de una partícula subatómica empieza hoy a indagar en el cerebro de quienes dan la vida. Conocí a Susana en una reunión convocada por Fundevas, una sociedad que lucha por instaurar en el sistema sanitario el cuidado a la mujer embarazada. Susana es pionera y referente no solo en España, sino también a nivel internacional, por sus destacables estudios y, ahora, su labor cruza la puerta del laboratorio para ayudarnos a todas a comprender y, por tanto, a abrazar, los cambios de la mayor transformación que podamos experimentar.

Como nos cuenta Susana en este libro, la matrescencia es el término que define la transformación física, emocional y social que experimenta una mujer al convertirse en madre, una transformación que supone «desorientación y reorientación», un «perderse [en cada uno de los cambios] para reencontrarse, para reconstruirse». Comprender qué áreas cerebrales y qué funciones se ven involucradas en dichos cambios nos ayuda a habitar la experiencia, a intervenir de forma consciente en el proceso de plasticidad neuronal que se está llevando a cabo, pero principalmente a abrazar los cambios no siempre fáciles que nos brinda esta transformación. Como madre, como investigadora, pero sobre todo como mujer, celebro saber hoy que durante el embarazo mi cerebro hizo un viaje similar al que ya vivió en la adolescencia, que cuantos más cambios transitase mayor sería el vínculo que habría con mi hija, que el parto no supone una vuelta al cerebro de quien no estuvo embarazada, sino que ese viaje nos transforma para siempre. Acertadamente, Susana nos recuerda que ser madre no es solo un proceso de transformación carnal, sino también una travesía al interior de cada mujer.

Neuromaternal cubre un hueco que era necesario cerrar; nos brinda a las mujeres una información que nos permite comprendernos desde lo más profundo, como mujeres y como madres. Es un libro escrito con erudición, rigor y cercanía, en el que Susana nos acompaña desde su experiencia personal y su sólida trayectoria científica en el viaje que da vida a la humanidad.

NAZARETH CASTELLANOS

La extracción de sangre

La luz fría del hospital chocaba con el calor asfixiante de la sala. Me apresuré a quitarme el abrigo, que ahora pesaba aún más que al entrar.

—Buenos días, ¿has traído el volante?

—No, lo he...

—Tienes que traer siempre el volante. Dame la tarjeta, por favor.

La enfermera imprimió un nuevo volante y me devolvió la tarjeta junto con un código de números y letras.

—Ya sabes, en la sala hasta que aparezca el código —me indicó.

En la salita había varias mujeres, tres de ellas evidentemente embarazadas. Las observé con curiosidad, intentando deducir si era su primer embarazo o si ya sabían lo que era convertirse en madre. Saqué un libro para entretenerme. Mis ojos se movían entre el texto y la pantalla, de la que procedía un sonido que alertaba del avance de los números. Llegó mi turno, me levanté y entré en otra sala, donde varias enfermeras estaban listas para las extracciones de sangre: bandejita de metal, jeringuillas, gasas, goma azul y tubos de diferentes colores. Una de las enfermeras me indicó que me sentase frente a ella. Intenté arremangarme, pero mi brazo izquierdo no pasaba por las gruesas capas de ropa. Opté por sacarlo por debajo de la camiseta y el jersey, dejando al descubierto mi sujetador. La sala olía a alcohol y Betadine. Debí de poner mala cara.

—¿Te mareas? —me preguntó mientras me anudaba la goma en el brazo a modo de torniquete. Negué con la cabeza y una sonrisa a medias. Cuando empezó a frotar mi fosa cubital con el algodón helado, mis palabras brotaron nerviosas para distraerme.

—¿Te vas de puente? —Eso fue lo primero que se me ocurrió preguntarle.

—No, me toca trabajar, ¿y tú?

—Yo también tengo que trabajar.

—¿Ah, sí? ¿En qué trabajas? —Se esforzó por distraerme mientras cambiaba de tubo.

—Hago investigación, analizamos cómo cambia el cerebro de la mujer durante el embarazo y la maternidad.

—¡Vaya, qué interesante! Es verdad que las madres se vuelven... buf, no sé..., están como idas, obsesionadas con el bebé, ¿no? No se enteran de nada, hay que decírselo todo veinte veces, y encima se enfadan. Eso es por las hormonas, ¿sabes?, que matan algunas de las neuronas. ¡Hasta se les encoge el cerebro!

Se volvieron las tornas, ahora ella quería hablar y yo ya no. Me di cuenta de que iba a contarme mis propios estudios, y encima mal. Tiré de la comisura de los labios en un intento de falsear mi sonrisa, y miré al suelo, deseando que acabase ya. Al volver a alzar la vista, me encontré con la mirada de la enfermera de al lado, que con su gesto me hizo saber que desaprobaba el comentario de su compañera. Esta vez la comisura se elevó de forma refleja y sonreí.

—Ya está, aprieta fuerte durante unos minutos para que no te salga un morado —me dijo, y dio paso a la siguiente, mientras yo trataba, con bastante dificultad, de presionar el algodón y a la vez vestirme, recoger mi pesada chaqueta, ponerme el bolso, guardar el libro y salir de allí lo antes posible.

—Gracias, ¡que vaya bien el puente!

Ese día, el 5 de diciembre de 2022, decidí que escribiría este libro.

Capítulo I

El primer párrafo

> Ya no es necesario interpretar, sino ver y constatar.
>
> SANTIAGO RAMÓN Y CAJAL

Mientras atardecía en el Palacio de Cristal del Retiro, un amigo escritor y divulgador me dijo: «Lo más importante de un libro es el primer párrafo, es lo que se van a leer para decidir si lo compran o no». Pensé que el consejo me ayudaría, pero ahora veo que no, que esa presión extra para convencer al lector antes de que devuelva el libro a la estantería no va conmigo. Sería como fingir que eres alguien diferente en una primera cita solo para agradar al otro.

Seré directa y empezaré por lo que no contienen estas páginas, para ahorrarte tiempo. No encontrarás recomendaciones sobre qué hacer o qué evitar durante el embarazo, el parto o el posparto. Tampoco tendrás una guía detallada semana a semana sobre cómo se desarrolla el bebé en el útero. Si eso es lo que buscas, sé que hay libros escritos por expertos mucho más cualificados que yo en esos temas.

En este libro apenas se habla del bebé. El texto se centra en las mujeres, en las madres, en cómo cambia su mente y su cerebro durante el embarazo y la maternidad. En este terreno sí soy experta, sí tengo la suficiente autoridad como para escribir un libro basado en la evidencia científica, porque a eso me dedico desde hace más de dieciséis años. Dirijo un grupo de investigación en neurociencia sobre el embarazo y la maternidad. Mi trabajo me permite escuchar a las mujeres, analizar sus cerebros, sus fluctuaciones hormonales, y su estado cognitivo y emocional durante ese acontecimiento tan emocionante y transformador en sus vidas.

En las páginas que siguen condenso mi conocimiento como neurocientífica y mi vivencia personal como mujer y como madre. No podía ser de otro modo. Hay saberes que no se pueden aprender ni en libros ni en artículos científicos. Ni siquiera diseñando y realizando tú misma los experimentos. La maternidad se vive, se siente en las vísceras, en la identidad, en la historia personal. Sin planearlo, mi propia maternidad se ha ido entrometiendo entre líneas a medida que escribía. Algunas veces con miedo de exponerme demasiado y otras con el alivio catártico que permite poner palabras a los sentimientos.

Desde la fusión entre mi yo personal y laboral, hablaré de la «matrescencia», de cómo el cuerpo de la mujer se adapta para gestar, parir y criar; de órganos maravillosos que se comunican entre sí durante el embarazo; de la placenta enviando mensajes al corazón de la madre, a su útero, a sus pechos y su cerebro para facilitar la gestación, el parto y el posparto; de mi órgano favorito, el cerebro; de todo lo que hemos aprendido de las madres del reino animal; de la relación entre las hormonas, los cambios cerebrales y la conducta maternal. Me explayaré en los estudios sobre el cerebro maternal en humanos, mostrándote qué ocurre en el cerebro de una madre cuando ve a su hijo o lo oye llorar. Y, sobre todo, explicaré nuestra línea de investigación sobre cómo el cerebro de una mujer se transforma con su primer embarazo. Ahí veremos si los cambios cerebrales son similares a los que ocurren durante la adolescencia, si son de por vida o si afectan también a los padres. Te mostraré qué dicen los estudios científicos sobre los déficits cognitivos que se atribuyen a menudo a la maternidad. En el trayecto, también tocaremos temas relacionados con el sesgo de sexo en biomedicina y, en especial, en neurociencia.

Me permito la licencia de usar un lenguaje divulgativo, asequible, con metáforas, y sin referencias constantes que interrumpan la lectura. Si a alguien le interesa conocer los pormenores y los detalles metodológicos y científicos, siempre puede consultar nuestras publicaciones. Pese a que uso un tono cercano, la información que contiene este libro se basa en estudios científicos punteros. Es más, siempre que puedo, trato de puntualizar su nivel de certeza; si son hallazgos aislados o, por el contrario, sólidos y consistentes. Cuando opino, intento dejar claro que se trata de una opinión. Como dijo Edwards Demings: «Sin datos, eres solo otra persona con una opinión». Durante mucho tiempo, el conocimiento sobre el cerebro maternal humano se ha basado en opiniones. Ahora, tenemos suficiente evidencia como para transformar radicalmente la concepción de la maternidad, poner nombre a las confusas emociones que experimentan las madres y demostrar su sustrato biológico.

¿A quién va dirigido este libro? El contenido del libro puede resultar enriquecedor a nivel laboral y personal. Puede ser útil tanto para madres y padres como para profesionales de la salud, entre ellos matronas, ginecólogos y psicólogos perinatales. Pero te mentiría si te dijese que no tenía un prototipo de lector en la cabeza. Mientras escribía, mi mente les hablaba a ellas: a la mujer que desea quedarse embarazada, a la que se queda embarazada por primera vez, a la mujer que atraviesa los primeros meses de posparto y a la que hace años que es madre, a todas las que desean saber de dónde proceden esas sensaciones intensas que marcan un antes y un después de la maternidad.

Ellas son las protagonistas del libro: las madres y, en concreto, las madres biológicas. En el texto, cuando utilizo la palabra «madre» me refiero principalmente a ellas, ya que son la muestra en la que se basan la mayor parte de los estudios de los que hablo. Actualmente investigamos también a madres no gestantes, como las madres adoptivas, pero por el momento no hay datos suficientes como para trasladar los resultados al terreno de la divulgación. En la misma línea, es importante puntualizar que algunos de los cambios cerebrales durante el periodo del posparto también se observan en padres. Sobre ellos sí daré algunas pinceladas, pero merecen un libro aparte. Por último, para facilitar la lectura, durante el texto utilizo las palabras «hombre» y «mujer» para referirme a personas nacidas con testículos u ovarios, respectivamente. Con estos términos no hago referencia al género con el que se identifican, únicamente al sexo asignado al nacer.

Capítulo II

Matrescencia

*Welcome to the end of being alone
inside your mind.*
(Bienvenida al final de estar sola dentro de tu mente).

BRANDI CARLILE,
canción «The Mother»

El tiempo, ese eje sobre el cual narramos nuestra trayectoria vital y cuya métrica es tan sutil y continua que apenas somos conscientes de su paso, se categoriza, se parte
en dos, en un antes y un después, con la maternidad. Ser
madre te transforma. Cambia tu identidad, la percepción
que tienes de ti misma. Reajusta tus creencias, valores,
preferencias u objetivos vitales, sobre la base de los cuales
te autodefines. La maternidad tiene el poder de sacudir
los cimientos de lo que eres y convertirte en alguien nuevo, alguien diferente.

A los dieciocho años, cuando fantaseaba con mis amigas acerca de nuestro futuro como madres, la variable «cambio de identidad» ni se contemplaba en la ecuación. Sin embargo, con el tiempo, fui testigo de la metamorfosis que experimentaban las mujeres de mi alrededor al ser madres. Recuerdo que ese cambio me producía desconcierto y, por qué no admitirlo, cierta incomodidad, incluso rechazo.

«¿Por qué no es posible seguir siendo la misma?». Entendía perfectamente que los aspectos prácticos del cuidado de un bebé requerirían ajustes en la logística diaria, pero no por qué ser madre modificaba los gustos, las aficiones o las prioridades de alguien. No solo no comprendía esa transformación, sino que ni siquiera tenía en mi vocabulario un término para nombrarla.

Al principio, esa metamorfosis no formaba parte de la historia que proyectaba en mi cabeza cuando divagaba acerca de cómo sería cuando fuese madre. Sin embargo, a medida que mi entorno cercano transitaba la maternidad, fui tomando consciencia de que no se trataba de algo que les ocurría a algunas mujeres. Era algo que afectaba a todas en mayor o menor medida, y yo no iba a ser la excepción. Así, empecé a sentir una enorme curiosidad por este proceso, entonces todavía innombrable para mí. Tomé por costumbre preguntar a mis amigas madres si se notaban diferentes tras la maternidad y me sorprendía ver el alivio que sentían ante la pregunta y ante el espacio para expresarse, como si de repente pudieran liberarse de un secreto, de un aspecto tabú de la maternidad que hasta entonces se habían reservado para ellas mismas.

Cuando me quedé embarazada, sentí vértigo ante la posibilidad de convertirme en alguien diferente a la que era. Me asustaba no volver a ser yo. Ahora me parece cómico que mi cabeza utilizase esa frase tan dramática a la vez que absurda, «no volver a ser yo». Daba por hecho que hay un yo al que volver tras ser madre, como si hubiese un yo al que volver tras la adolescencia, como si fuese normal pedirle a un adolescente de dieciséis años que mantenga los mismos gustos y prioridades que tenía a los ocho años.

Descubrí que estaba embarazada en noviembre de 2014, aproximadamente dos años antes de que *Nature Neuroscience* publicase nuestro estudio, el primero en investigar los efectos a largo plazo del embarazo en el cerebro humano. Aunque los resultados aún no habían salido a la luz, yo ya sabía qué ocurría. Ya habíamos analizado los datos y sabía que el embarazo deja una profunda huella cerebral. Desde la perspectiva científica, me fascinaban los resultados, de los que os hablaré más adelante. Desde la personal, lo que observaba me producía mucha ambivalencia. Por un lado, sentía vértigo ante el cambio inminente que me acechaba. Por otro, me tranquilizaba saber que, efectivamente, había una explicación científica a ese secreto a voces que «guardaban» todas las madres y que, por cierto, tiene nombre, se llama matrescencia.

1. El secreto

«¿Qué ha supuesto para ti ser madre?». «¿En qué dirías que te ha cambiado la maternidad?». Como os decía, he tomado por costumbre hacer estas preguntas a las mamás que me rodean. Pese a ser neurocientífica y amante de las imágenes cerebrales, para mí no hay nada más valioso que escuchar las voces de mujeres reflexionando acerca de su propia maternidad. Te animo a que, como hice yo, escuches la tuya y la de las demás.

De esas voces, y de mi propia experiencia, he aprendido que ser madre no es un mero atributo añadido a una identidad que permanece estable, sino una reestructuración profunda que deja huella en nuestra mente, en nuestro cerebro y en nuestro cuerpo. Dicho de otra forma, la maternidad no suma, la maternidad es una característica que interactúa con el resto de las esferas que conforman nuestro yo. Nos redefine en cada una de ellas. Redefine nuestros gustos, nuestras prioridades, nuestras necesidades, nuestra tolerancia a la frustración, nuestra sensibilidad e incluso nuestra habilidad para empatizar con los demás o para comportarnos de forma altruista. Nos empuja a conocernos de nuevo dentro y fuera de la crianza, nos invita a repensarnos no solo como madres, sino también como mujeres y como hijas.

En abril de 2023 realizamos una breve encuesta en el canal de Instagram del grupo de investigación que dirijo (@neuro.maternal). Preguntamos a las madres qué había supuesto para ellas la maternidad. En solo veinticuatro horas respondieron más de mil mujeres. Si alguna me está leyendo, desde aquí le doy las gracias. Os dejo algunas de las respuestas.

¿Qué ha supuesto para ti ser madre?

«La maternidad me ha enseñado lo que es estar unida a alguien de verdad».

«Siento que he perdido mi identidad, no acabo de encontrar a esa persona en la que se supone que te conviertes, o no sé verla».

«Para mí, ha supuesto una redefinición del yo, extenderme para incluirla a ella, a mi bebé».

«La maternidad me ha hecho ser consciente de la muerte, de que un día me moriré y no estaré allí para él».

«Me ha supuesto descubrir el amor más puro y verdadero».

«Pese a estar constantemente con mi bebé, la maternidad me ha traído soledad y aislamiento».

«La maternidad me ha convertido en una persona mucho más empática de lo que era y también mucho más sensible».

«Fusión de dos cuerpos en uno, dejar caer todo para renacer y aprender cada día».

«Me ha permitido recolocarme, redefinirme como persona y redefinir mis relaciones familiares, de amistad y laborales. Reestructurar prioridades. En cierto modo, soledad».

«Anteponer sus deseos y necesidades a los míos. Pasar a un segundo plano, como mínimo».

«Mucha preocupación por todo. Me preocupa el cambio climático y la sociedad que le dejo a mi hijo».

«Querer ser mi mejor versión».

«Me diagnosticaron esquizofrenia a los veintitrés años. Estaba compensada a nivel clínico, pero mi yo estaba completamente desintegrado, no tenía consciencia de ser. La maternidad me regaló la consciencia de mí misma, me ancló a la vida».

«Con el nacimiento de mi hija se ha despertado mi interés por el feminismo. Ahora llevo las gafas moradas todo el rato».

«Un poderoso instinto de protección, agotador a nivel físico y mental y abrumador emocionalmente en el buen y en el mal sentido».

«Ser madre es lo más grande y a la vez lo más duro que me ha pasado, es cuestionarte muchas cosas, es adquirir un nuevo papel en la vida, es saber que tus límites son franqueables».

«Reconciliarme conmigo misma, amar mi cuerpo y desear cuidarlo para que le dure toda la vida, para poder estar allí para ella todo el tiempo que me necesite».

Este tipo de encuestas informales distan mucho de cumplir los estrictos estándares de una publicación científica; sin embargo, nos ayudan enormemente a avanzar en nuestra investigación. Nos enseñan qué es importante para las madres, qué les preocupa. Leer sus respuestas resulta sumamente enriquecedor para nosotras porque nos da pistas sobre fenómenos que aún no se han recogido en la literatura científica y que podrían guiar futuras investigaciones.

Lo cierto es que las leo y me emocionan. Me resuenan como madre, ¿y a ti?

Pese a que se podría escribir un capítulo analizando cada una de estas respuestas, vamos a tener que quedarnos en un análisis superficial. Todas las madres que respondieron a la encuesta indicaron que la maternidad había supuesto un cambio. Un pequeño porcentaje resaltó exclusivamente los aspectos positivos de la transición; otro pequeño porcentaje remarcó solo la cara más oscura de esta. Pero la mayoría de las respuestas ofrecieron las dos caras de la maternidad, esa ambivalencia que la caracteriza. En nuestra vida estamos acostumbrados a catalogar las cosas como buenas o malas. Esa taxonomía no nos sirve ahora. La maternidad es lo bueno y lo malo a la vez. Su intensidad la convierte en lo mejor y lo peor, todo junto en una maraña difícil de expresar y transmitir a la gente que no es madre.

Analizamos las más de mil respuestas para identificar las palabras más recurrentes. Entre ellas aparecían términos relacionados con el cambio de prioridades o de personalidad, los sentimientos de ambivalencia, el instinto y el aprendizaje. Retomaremos algunos de estos conceptos cuando hablemos del cerebro maternal. Pero, por ahora, centrémonos en otra palabra: matrescencia.

2. La palabra

¿De dónde surge la palabra «matrescencia»? Este término, que actualmente empieza a estar tan de moda, fue acuñado por la antropóloga médica Dana Raphael en los años setenta. Como ya te habrás dado cuenta, se trata de un juego de palabras que refleja perfectamente los paralelismos que existen entre la maternidad y la adolescencia, ambos periodos caracterizados por una profunda transformación física y psicológica. Con este neologismo Dana Raphael posicionó la transición a la maternidad como una etapa de maduración y crecimiento, una fase vital transformadora e irreversible digna de ser nombrada, valorada y estudiada.

Lamentablemente, el término cayó en el olvido. Quizá, en los años setenta nuestra sociedad no estaba preparada para este nuevo vocablo. Tal vez era necesario que las voces de más mujeres llegaran a la escena pública sin filtros ni censuras. A lo mejor hacía falta que ocupásemos puestos científicos y políticos con poder para decidir qué procesos son merecedores de estudio y financiación.

Casi cuatro décadas después de la aportación de Dana Raphael, el interés por la matrescencia empezó a resurgir de la mano de la psicóloga clínica Aurelie Athan, quien desempeñó, y sigue desempeñando, una labor fundamental en la popularización del concepto a través de la docencia y de la escritura científica. Además de hacer esta gran labor de divulgación, Athan profundizó y amplió la definición del término. Para ella, la matrescencia es como una experiencia de «desorientación y reorientación», producida por un ritmo acelerado de cambios en diversos aspectos de la vida. Es perderse en cada uno de ellos para reencontrarse, para reconstruirse. Se trata de adaptaciones que impactan no solo en la esfera física y psicológica, sino también en la social, política y espiritual.

Como veremos a lo largo del libro, podríamos describir esta transformación como el famoso efecto mariposa, por el cual variaciones en pequeños elementos pueden propagarse hasta producir grandes cambios. En este caso, las variaciones en unas minúsculas moléculas llamadas hormonas desencadenan cambios cerebrales y psicológicos y, desde allí, el batir de alas se extiende al ámbito social, político e incluso espiritual. Ese proceso evolutivo abarca desde fenómenos de neuroplasticidad cerebral hasta ajustes en la consciencia y en la autopercepción que, a su vez, impulsan a las madres a redefinir sus relaciones de pareja, de amistad o familiares, a reevaluar su posición social y política, o a plantearse cuestiones existenciales como el sentido de la vida y lo inexorable de la muerte.

Es curioso cómo muchas madres, en el momento de celebrar la vida, se acuerdan de la muerte. Toman consciencia de ella, de que algún día morirán o de que ese bebé, sin ellas o sin alguien que lo cuide, está destinado a una muerte segura. Pensándolo bien, tal vez no sea tan extraño que la llegada de una vida nos evoque la muerte; al fin y al cabo, la una no existe sin la otra. Tal vez eso es lo que pretendía reflejar Gustav Klimt en su obra *Esperanza II*. En ella observamos el perfil de una mujer embarazada. La belleza del cuadro y su celebración de la vida contrastan con la imagen de una calavera en tono gris camuflada entre las coloridas decoraciones características del pintor. Es posible que su intención se alejara completamente de esta interpretación, pero, como suele decirse, el arte está en los ojos de quien observa, y yo, cuando miro este cuadro, recuerdo los testimonios de las mujeres a las que la maternidad les ha hecho tomar consciencia de la muerte.

Otra figura influyente en la concienciación sobre la matrescencia es Alexandra Sacks. Esta psiquiatra impartió una charla TED en 2018 que podéis ver de forma gratuita en la web.[1] La charla empieza así:

> ¿Recuerdas alguna época de tu vida en la que te sintieras hormonal y emocionalmente lábil? ¿Alguna época en la que tu piel se erizaba, tu cuerpo crecía en lugares extraños y muy deprisa y la gente esperaba que te comportases de forma diferente, «como una persona adulta»? La adolescencia, ¿verdad? Bueno, estos mismos cambios ocurren durante la maternidad.

Con este potente inicio, en apenas seis minutos Sacks eleva el término «matrescencia» al ámbito médico y al *New York Times*, y lo visibiliza como un proceso evolutivo normal diferente de la patología mental posparto.

Sacks explica que muchas madres acudían a su consulta pensando que podían estar sufriendo una depresión posparto, ya que no experimentaban esa plenitud y esa felicidad constante que esperaban. A veces se sentían tristes, cansadas o inseguras como madres. Y la posibilidad de que estos sentimientos fueran el resultado de una enfermedad mental las estresaba aún más. Tras revisar sus experiencias y descartar los criterios de depresión pospar-

1. <https://www.ted.com/talks/alexandra_sacks_a_new_way_to_think_about_the_transition_to_motherhood?language=en>.

to (véase el siguiente cuadro), la psiquiatra buscó la forma de ayudarlas. Constató que una intervención tan simple como nombrar el proceso por el que estaban pasando y reconocerlo como un proceso evolutivo normal y universal las ayudaba a afrontar la situación y hacía que se encontraran mejor. Gracias a la destreza de esta psiquiatra y a las plataformas que le dieron voz, la presentación se hizo viral y, con ella, el término «matrescencia».

CRITERIOS DIAGNÓSTICOS BASADOS EN DSM-5
PARA PATOLOGÍA MENTAL POSPARTO

La patología mental posparto engloba diferentes trastornos. El más común es la depresión posparto, que afecta aproximadamente al 17 % de las madres primerizas.

Pese a tratarse de un trastorno mental frecuente, suele ser difícil de detectar, en parte por el estigma social que supone admitir sentimientos negativos asociados a la maternidad. Si no se trata, este trastorno puede tener consecuencias adversas para la madre y para el bebé.

Actualmente, se define como un episodio depresivo mayor de inicio durante el embarazo o en las semanas siguientes al parto. El diagnóstico requiere la presencia de un estado de ánimo depresivo o decaído y la pérdida de interés, o anhedonia, junto con otros cinco síntomas de la lista que se ofrece a continuación. Estos deben estar presentes la mayor parte del día, todos los días y durante un mínimo de dos semanas:

– Insomnio o hipersomnia.

- Retraso psicomotor o agitación.
- Sentimientos de inutilidad o culpabilidad.
- Pérdida de energía o fatiga.
- Pensamientos o intentos suicidas y pensamientos recurrentes de muerte.
- Problemas de concentración o indecisión.
- Cambio de peso o apetito (un cambio del 5 % en un mes).

Estos síntomas deben provocar un malestar o un deterioro significativo en diferentes esferas vitales, dificultando la realización de tareas cotidianas como el trabajo o el cuidado del bebé. No deben atribuirse al abuso de sustancias o a otra afección médica.

En este breve recorrido histórico, es inevitable que me deje en el tintero a muchas otras grandes mujeres que, junto con Dana Raphael, Aurelie Athan y Alexandra Sacks, han impulsado el término «matrescencia» hasta colocarlo en el lugar que ocupa en la actualidad.

Dana Raphael murió en febrero de 2016. Apenas habían pasado unos años desde que Aurelie Athan había desempolvado lo que la sociedad no había sido capaz de valorar en su momento. Parte de Dana sobrevive en sus tres hijos y apuesto a que estarán orgullosos de ser testigos de cómo el nombre de su madre sigue tan presente en nuestros días.

3. El símil

Con la matrescencia, maternidad y adolescencia se entre-lazan. Hemos hablado de la primera, repasemos ahora muy brevemente qué es la segunda, la adolescencia.

La adolescencia es un periodo de profundas transfor-maciones que marca el paso de la infancia a la edad adul-ta. Se acompaña de un incremento en los niveles de varias hormonas, por ejemplo, las sexuales (estrógenos, proges-tágenos y testosterona), que desencadenan importantes transformaciones físicas, tales como el desarrollo de las características sexuales secundarias.

Los evidentes cambios físicos ocurren junto con otros no tan evidentes a simple vista: los psicológicos y los so-ciales. Los adolescentes se enfrentan a un torbellino de emociones mientras recorren el camino hacia la construc-ción de su identidad adulta. Abandonan su identidad de niños y buscan la autonomía de los padres mediante un proceso de separación e individualización. Separarse para reencontrarse. Por el camino, se fijan en nuevos referen-tes que les guíen, que actúen como modelos y que les ayuden a definir y a perfilar quiénes son.

Recuerdo mi propia adolescencia, a mediados de los años noventa. Ni siquiera existía Facebook. ¡Qué digo Facebook!, en mi casa ni siquiera había internet, ni tenía-mos ordenador. Yo buscaba referentes entre mis compa-ñeros y amistades, entre el profesorado. Los buscaba también entre los famosetes que aparecían en televisión o en las revistas. En los noventa había muchas tribus urba-nas y era común definirse por contraposición a los valores que defendían unas y por semejanza a los valores que defendían otras. Supongo que ahora debe de ocurrir exactamente lo mismo.

Mi hija no es adolescente aún, pero, por lo que me cuentan las amigas que me llevan unos años de ventaja como madres, las redes sociales son ahora uno de los principales espejos en los que se miran los adolescentes para construirse. Unos espejos en los que, por desgracia, a menudo solo se muestra una cara, la de la perfección inalcanzable. Asusta, ¿verdad? Pues puede que las madres de ahora estemos cometiendo ese mismo error, sobre todo si las circunstancias nos llevan a maternar en soledad, sin tribu y sin apoyo, es decir, sin referentes reales. Sin otras madres de carne y hueso, los modelos maternos se construyen a base de píxeles de pantalla. Son mujeres todoterreno que no flaquean, exitosas en sus carreras, con hogares impecables, hijos siempre felices, belleza descomunal y tiempo de sobra para dedicarse tanto a sí mismas como a sus parejas.

Una vez, en una entrevista, escuché decir a la psicóloga perinatal y divulgadora Paola Roig lo siguiente: «Las mujeres en periodos de maternidad necesitamos a otras mujeres. Imagínate vivir la adolescencia sin otros adolescentes». Sin el espejo de otras madres reales y sinceras en el que mirarnos, se instaura la sensación de fracaso, incomprensión, soledad y aislamiento.

La intensidad de los cambios físicos, psicológicos y contextuales convierte la adolescencia (y la maternidad) en una etapa de crecimiento y aprendizaje, pero también de gran vulnerabilidad para la salud mental. Durante la construcción del yo es inevitable toparse con sentimientos ambivalentes. El viaje a través de la adolescencia, como de la maternidad, está salpicado de crisis adaptativas que impelen a reevaluar valores, creencias, gustos y relaciones. Afortunadamente, poco a poco, nuestra sociedad va reconociendo e integrando la importancia de proporcionar apoyo y sostén a los adolescentes durante esta etapa vital. Por desgracia, aún no podemos decir que ocurra lo mismo con su compañera, la maternidad.

Como vemos, existen numerosas similitudes entre maternidad y adolescencia. Las dos se caracterizan por importantes cascadas hormonales acompañadas de profundos cambios físicos, psicológicos y sociales. Y ambas transformaciones suelen dar lugar a sentimientos ambivalentes y a crisis adaptativas que nos ayudan a definir nuestro nuevo rol.

La maternidad también supone encontrar el nuevo yo, en este caso, no mediante la separación e individualización, sino mediante la fusión con ese ser dependiente al que cuidar. Si este proceso no se nombra, comprende y gestiona correctamente, puede incidir en el bienestar psicológico y en la salud mental. La maternidad, como la adolescencia, requiere de apoyo, cuidado y comprensión por parte de nuestra sociedad y de nuestras instituciones.

Desde la perspectiva neuronal, nuestros estudios demuestran que la maternidad y la adolescencia conllevan cambios cerebrales similares. En el capítulo VII os mostraré los detalles. Por ahora, quedémonos con la idea general de que son periodos vitales caracterizados por una elevada neuroplasticidad y que representan ventanas temporales especialmente sensibles y críticas para el desarrollo; dos etapas en las que nuestro cerebro es más plástico, más maleable y, por tanto, más susceptible a presiones externas. Dicha plasticidad facilita el aprendizaje y la adaptación a situaciones nuevas, pero, si no se cuida, también nos hace más vulnerables a sucesos adversos.

4. El poder sanador de la palabra

No nos engañemos, la maternidad puede ser maravillosa, pero se aleja bastante de la representación sentimental e idealizada que nos vende la sociedad. Maternar también implica miedo, confusión y cansancio. Es inherente a la maternidad experimentar emociones contradictorias, amando y resintiéndonos simultáneamente de nuestro nuevo estado, tal y como ocurría durante la adolescencia.

A continuación, comparto los testimonios de algunas de las mamás de nuestros estudios para ilustrar a lo que me refiero.

Anónima 1: «Me costó tiempo darme cuenta de que, por mucho que amase a mi bebé, era normal sentirme frustrada en ocasiones. Recuerdo noches en las que yo solo deseaba dormir, llevaba mucha falta de sueño acumulada y él no paraba de pedir teta. No podía más, estaba exhausta. Estaba harta de anteponer sus deseos a los míos y eso me hacía sentir mala madre. Lloraba de cansancio, de pena y de rabia. Sentía que algo en mí no funcionaba correctamente, que no me comportaba como el resto de las madres, que, por algún motivo, a diferencia del resto, no tenía instinto maternal».

Anónima 2: «Siempre quise ser madre. Estuve intentando quedarme embarazada durante más de dos años. Tuve un parto horrible, en el que tanto mi salud como la de mi bebé corrieron peligro. Durante los primeros meses de posparto me arrepentí de haber tenido a Mario. No dije nada a nadie. Tenía miedo de lo que me estaba pasando y temía que me juzgasen».

Anónima 3: «Luna lloraba sin parar día y noche, era horrible no saber cómo consolarla, cómo calmarla. ¿No se supone que las madres saben de forma innata cómo actuar? ¿No se supone que tu cerebro cambia para que sepas qué tienes que hacer? Yo no sabía, no podía, me veía como una inepta total».

Pausa. Recuperemos esta frase un segundo: «¿No se supone que tu cerebro cambia para que sepas qué tienes que hacer?». Uno de los motivos que me animan a escribir este libro es aclarar interpretaciones erróneas como esta que se han derivado de nuestros hallazgos. Pero ya lo haremos más adelante. Volvamos al reino del lenguaje.

Como dijo el gran Noam Chomsky, «el lenguaje es el espejo de la mente», pero también de la sociedad humana y de la cultura. El lenguaje es el hilo que nos une, que permite conectar nuestras mentes y compartir nuestras experiencias y expectativas. Utilizar un término como «matrescencia» que refleje el proceso de cambio, adaptación y desarrollo que implica la maternidad nos permite reconciliarnos con las madres y con nosotras mismas. Al fin y al cabo, se trata de un fenómeno por el que muchas pasamos. Además, nos recuerda que ya hemos vivido algo parecido antes, la adolescencia, y esto nos ayuda a predecir, anticipar y reducir la ansiedad asociada a la incertidumbre. La matrescencia nos permite aceptar la ambivalencia, expresarnos, sostenernos, soltar lastre y abrazar nuestro nuevo camino.

ACEPTAR LA AMBIVALENCIA

Con el término «matrescencia», se abre paso a la ambivalencia y la intensidad emocional. Es más, se considera sano y adaptativo que, al igual que en la adolescencia, la mujer lidie con el entusiasmo por redescubrirse y el duelo por dejar de ser quien es. A medida que nuestra sociedad redefine la maternidad, nos alejamos de los estereotipos que dividen a las madres en buenas y malas; en aquellas que de forma innata saben maternar y disfrutan del proceso y aquellas que sufren con su nuevo rol. Las clasificaciones categóricas se difuminan dando paso al *continuum* que une la cara más amable con la cara más dura de la maternidad y que sitúa la normalidad en el centro. Desde ese centro se acorta la distancia para que podamos aceptar los sentimientos de ambos polos y pedir ayuda si la necesitamos.

EXPRESARNOS Y SOSTENERNOS

Incluir el término «matrescencia» en nuestro vocabulario y hablar abiertamente de ella nos ayuda a sentirnos menos aisladas y estigmatizadas; nos permite redefinir qué debemos esperar de las mujeres y de nosotras mismas al convertirnos en madres; favorece que nos mostremos libremente sin sentirnos juzgadas. Aceptar que la maternidad conlleva también sentimientos negativos no significa solo relativizarlos, sino cederles espacio para que puedan ser expresados. Solo así pueden ser cuidados y atendidos.

Los testimonios de las madres que te acabo de mostrar son duros, algunos hasta pueden ser indicadores de una depresión posparto que requiere tratamiento y seguimiento. Mientras nuestra cultura solo proyecte la cara buena de la maternidad, muchas madres sentirán reparo en expresarse libremente, lo que sin duda dificultará el diagnóstico y el tratamiento.

Aceptar todo el espectro emocional de la maternidad nos invita también a tejer redes entre nosotras para sostenernos de forma empática, amable y realista, del mismo modo que haríamos con una persona que transita la adolescencia, tal y como haríamos con nosotras mismas si pudiésemos volver atrás y abrazarnos en momentos críticos de nuestra pubertad. En definitiva, desafiar al silencio y al tabú que empañan la maternidad fomenta el apoyo, la comprensión y el sostén entre nosotras, entre las madres, entre las mujeres.

Para gozar del futuro por descubrir debemos desprendernos del pasado, de ese yo tan valorado por la sociedad actual —y a la vez tan irrealista— con carreras profesionales ininterrumpidas y estándares físicos de veinteañeras con filtro de Instagram. La idea perpetuada de volver cuanto antes al estado anterior nos priva de la oportunidad de abrazar una nueva versión de nosotras mismas e instaura en nuestro cerebro una sensación de culpa por no llegar a todo, un anhelo por algo que no es ni será, una presión por lo inalcanzable que afecta negativamente a nuestra salud mental. No podemos pedirle a una madre que vuelva a ser la de antes, igual que no podemos pedirle a un adolescente que vuelva a ser niño. Equiparar la maternidad a la adolescencia también nos evoca lo irreversible del proceso y contribuye a superar la idea engañosa de que tenemos que volver a nuestro yo anterior.

Te confesaré que, en mi caso, soltar fue lo que más me costó. Tal vez porque me cuesta hacerlo en general. Soy de esas personas persistentes y motivadas que a veces se engañan pensando que pueden llegar a todo, lo que resulta en una mala combinación si se mezcla la entrega de la maternidad con una carrera científica en España, un interés genuino por lo que investigo, aficiones por encima de la esperanza de vida humana y la alocada idea de escribir este libro. Te confieso también que a menudo tengo que recordarme a mí misma que solo soltando me quedan manos libres para abrazar. Abrazar de forma presente y consciente. Sin juzgarme.

Supongo que, igual que me costó, y me sigue costando, soltar mi individualidad para abrazar la maternidad, me costará soltarla a ella, a mi hija, cuando llegue el momento, más pronto que tarde, en que yo deje de ser su centro. La maternidad, como las grandes etapas de nuestra vida, requiere de adaptaciones dinámicas. Desde la perspectiva psicosocial, el dinamismo se mueve entre abrazar y soltar, entre la fusión y la individualización. La crianza también conlleva aprender a soltar poco a poco a un hijo, aunque nunca se deje de ser madre.

MÁS PODERES

Hemos visto cómo entrelazar la maternidad con la adolescencia nos ayuda a aceptar la ambivalencia, a expresarnos, a sostenernos, a soltar lastre y a abrazar nuestro nuevo camino. Pero esta fusión de lexemas guarda otro poder oculto: equipara la maternidad a un proceso de maduración, de crecimiento, también en el ámbito cognitivo.

Ejercer como madre exige el aprendizaje rápido de un conjunto de tareas altamente demandantes a la vez que necesarias para la supervivencia del bebé. Sin embargo, aún hoy en día, en el imaginario colectivo, el embarazo y la maternidad se asocian con una pérdida de funciones cognitivas. Se dice de las madres que están más despistadas, que son olvidadizas o incluso que han perdido capacidad de concentración y recursos mentales. En inglés, esto hasta tiene nombre: *mommy brain* o *baby brain*.

Se trata de términos con una clara connotación negativa que sitúan a las madres —y, por lo tanto, al 85 % de las mujeres— en una posición de inferioridad. Lo triste es que estamos tan acostumbradas a escucharlos que los hemos interiorizado y normalizado. En este caso, el poder del lenguaje se vuelve en nuestra contra. Estamos predispuestas a interpretar cualquier cosa que nos pasa dentro de ese paradigma normal de pérdida de funciones o habilidades como la memoria o la capacidad de concentración. Aceptamos esa profecía sin tener en cuenta el peso de otros factores que también varían con el embarazo, como las reservas energéticas, la alimentación, las horas de sueño, la carga mental o el estrés, cuyo efecto en la atención y la memoria está sobradamente demostrado.

Un día fui al supermercado, pillé una tortilla precocinada y salí por la puerta. No pagué, ni me enteré. No estaba embarazada. Simplemente llevaba muchas horas de trabajo encima, varios días durmiendo y comiendo mal y tenía en la cabeza mil cosas pendientes que ya deberían estar listas. En cuanto me di cuenta, volví al súper y pagué. Si hubiese estado embarazada, seguramente habría culpado al embarazo de mi despiste.

Pese a lo interiorizado que tenemos el discurso de que al convertirnos en madres perdemos para siempre habilidades mentales, no hay una evidencia científica que respalde esa idea. Lo que sí está claro es que, con la maternidad, los mismos recursos deben repartirse en muchas más tareas. Es decir, no se trata tanto de lo grande que sea el pastel de tus recursos cognitivos, sino de en cuántas porciones debes dividirlo. O de cuántas te quedan si el bebé se come la mitad.

Probablemente conocerás unas tarjetas llamadas Someecards. Aunque no te suene el nombre, las habrás visto. Una vez, leí en una de ellas: «Solía tener células cerebrales funcionales, pero las cambié por hijos». Mucho más acertada es otra en la que puede leerse: «Si quieres saber qué se siente al tener un cerebro maternal, imagina un navegador con 2.897 pestañas abiertas. TODO EL RATO».

En resumen, asociar la maternidad a la adolescencia nos ayuda a entender el proceso desde su vertiente de maduración y crecimiento. Nos permite verla como un proceso de mejora y optimización de recursos cognitivos. De hecho, las investigaciones indican que la maternidad conlleva una serie de retos mentales que, a largo plazo, frenan nuestro deterioro cognitivo y nuestro envejecimiento cerebral. Hablaremos de estos temas en detalle en el capítulo VIII, pero te adelanto que se observan mejoras en la cognición social y en las llamadas funciones ejecutivas. Estas últimas son las que nos permiten autorregularnos y retener grandes cantidades de información para planificar, tomar decisiones y solventar problemas.

5. No saques el tema de la matrescencia en una cena de Navidad

Pese a que en nuestra sociedad ya empieza a cristalizar el término, aún estamos lejos de que se use con la frecuencia y el significado apropiados. Te animo a que pidas a un grupo de personas ajenas al campo de la maternidad que definan esa palabra. Pídeles que te expliquen qué les pasa a las mujeres con la maternidad. Ármate de paciencia antes, porque es muy probable que te encuentres con definiciones que pueden incluirse en alguna de las siguientes categorías:

> **Categoría 1.** Definiciones centradas en remarcar problemas cognitivos, especialmente de memoria y atención («Se os fríe el cerebro», «estáis empanadas», «no os enteráis de nada»).
> **Categoría 2.** Definiciones centradas en resaltar la labilidad emocional («Locas con las hormonas», «no hay quien os aguante», «se os va la olla»).
> **Categoría 3.** Definiciones que infantilizan a las madres e invalidan su capacidad para tomar decisiones («Os creéis todo lo que os dicen», «sois muy manipulables»).

Todas estas asunciones me recuerdan a una frase que se hizo popular en el siglo XIX de la mano de un médico obstetra, Charles Meigs. En un libro de obstetricia escribió: «(Una mujer) tiene la cabeza demasiado pequeña para el intelecto, pero lo suficientemente grande para el amor» (1848). Me imagino el momento en el que acabó de escribirla, orgulloso de cómo le había quedado, confiado de que nos dejaba a nosotras, las mujeres, en un lugar inmejorable, con un cerebro suficientemente grande para amar, pero poco más.

Parece ser que la afirmación se fundamentaba en que

el cerebro de la mujer es más pequeño que el del hombre; así, relacionaba el tamaño del cerebro con la inteligencia, obviando, por ejemplo, que el cerebro de un elefante es unas cinco veces mayor que el de un humano. Esta misma premisa es la que parecen haber usado algunas de las personas que interpretan los hallazgos de nuestras investigaciones como pruebas de la existencia del *mommy brain* o *baby brain*. Nuestros estudios demuestran que el embarazo produce reducciones de volumen en el cerebro semejantes a las que ocurren en la adolescencia y que persisten, al menos, seis años tras el parto. Pero nada de lo que hemos descubierto hasta ahora relaciona estos cambios con problemas cognitivos. Más bien al contrario, como veremos, los cambios parecen facilitar la conducta maternal y promover el vínculo entre la madre y el bebé. En neurociencia, como en muchas otras cosas en la vida, menos puede ser más.

EL PAISAJE DE LA MATERNIDAD

Si eres madre, lo que te he contado seguramente ya resonaba en tu interior. Sabes perfectamente de lo que estoy hablando y tal vez sientas alivio al saber que se trata de un fenómeno universal y nombrable. Si aún no eres madre, pero deseas serlo o ya estás embarazada, entiendo tu inquietud al leer este capítulo. Es la misma que yo sentí en su momento, ese 9 de noviembre de 2014, cuando descubrí que estaba embarazada. Si pudiese volver a ese momento, le explicaría a mi yo del pasado, a mi yo «matresciente», que sí, que el viaje está lleno de curvas, tantas que a veces te mareas y dudas de todo, pero que el paisaje es precioso e inigualable desde el principio. Ser madre es (también) lo mejor, lo más intenso y lo más maravilloso que me ha pasado en la vida.

Somos las palabras que usamos.
José Saramago

Capítulo III

¿Qué sucede en mi cuerpo durante el embarazo?

¿Qué hacían mis dedos antes de tenerle?
¿Qué hacía mi corazón con este amor?
Nunca había visto nada tan leve.
Sus párpados son flores de violeta,
su respiración, suave como una polilla.
No lo dejaré marchar.
No hay perversión ni engaño en él. Debe
permanecer así.

Sylvia Plath, *Tres mujeres*, 1962

El embarazo es probablemente el proceso fisiológico más intenso que experimenta un ser humano. Suele vivirse como un trámite sin importancia, pero, en solo nueve meses, cada uno de los sistemas y órganos del cuerpo de la mujer se adapta. Estos últimos se desplazan, cambian de forma y de tamaño para dar cabida al bebé. Pero no es solo una cuestión de espacio, sino también de funcionamiento. Para conseguir que dos o más seres humanos convivan en un solo cuerpo de forma armónica, hay que *hackear* todo un sistema.

Recuerdo mi primer trimestre de embarazo. Me encontraba mal durante la mayor parte del día, pero en especial por las mañanas. Estaba mareada, con náuseas constantes, y tenía la energía justa para mantener los ojos abiertos y aparentar que me enteraba de lo que ocurría a mi alrededor, para fingir que todo estaba igual que antes. Además, había crecido con la idea de que, hasta que no superase ese primer trimestre, era mejor no comunicarlo, mantenerlo en secreto, «por si lo pierdes». Supongo que así esa pérdida no incomoda a nadie más que a ti. Mi cuerpo me pedía reposo, pero el despertador seguía sonando cada mañana indicándome que tenía que ir a trabajar, que tenía que subirme a un autobús repleto de gente y que, pese a mis mareos, nadie me cedería aún el asiento. Luego, debía ser capaz de aguantar toda una jornada laboral sin que mis compañeros notasen ni la más mínima flaqueza física o mental.

Probablemente, el único indicador para que le cedan el asiento a una embarazada en el autobús sea una barriga abultada. Pero dentro de una mujer embarazada hay una compleja, precisa y orquestada maquinaria que pone en marcha cambios cardiovasculares, gastrointestinales, pulmonares, renales, hematológicos, metabólicos, musculoesqueléticos, dermatológicos, endocrinológicos e inmunitarios, por mencionar solo algunos. Todos estos cambios, que a veces también requieren de un asiento en el autobús, están orientados, ni más ni menos, que a facilitar el embarazo, el parto y el posparto. O lo que es lo mismo: a gestar, parir y criar.

Gestar, parir, criar. Son procesos tan comunes que nos parecen banales. Pero reflexionemos un segundo. En tan solo nueve meses toda la fisiología materna se coordina para convertir una célula de menos de un milímetro en un conjunto de más de un trillón de células perfectamente organizadas y ensambladas. La mujer se prepara para hospedar y crear a un ser humano, a un bebé, con todos sus deditos, sus pestañas y sus uñas. A un bebé de unos tres kilos de peso y unos cincuenta centímetros de largo al que tendrá que parir. Parir: una experiencia tan brutal y transformadora que quedará grabada a fuego en la memoria.

Tras la gestación y el parto, el cuerpo materno debe reencontrar su equilibrio. Ha de volver a reprogramarse rápidamente, esta vez para alimentar y cuidar a un ser extremadamente indefenso, frágil y totalmente dependiente; un recién nacido que ni siquiera es capaz de ver correctamente o de regular su propia temperatura corporal; una personita sin capacidad de sobrevivir por sí sola, pero con un inmenso poder para cautivar y secuestrar la atención de la madre con tan solo una mirada, una mueca de pseudosonrisa o un gemido.

Para gestar, parir y criar, la fisiología materna ha de adaptarse de forma precisa, global y dinámica. Cuando estaba embarazada, recuerdo lo mucho que me sorprendía ver como en cuestión de semanas podían variar aspectos tan inesperados como la calidad del cabello, la coloración de la piel o incluso el tamaño del pie. Si has pasado por un embarazo, seguramente sepas a lo que me refiero. Esos pequeños cambios que pueden parecer triviales son solo la punta del iceberg. Buceando en la literatura médica tomamos consciencia de lo que realmente supone un embarazo, que, como veremos, es un fenómeno tan común como excepcional.

1. ¿Qué sucede en el cuerpo?

No es objeto de este capítulo detallar de forma exhaustiva los cambios fisiológicos que experimenta una mujer durante este proceso. Sin embargo, creo necesario profundizar en algunos de ellos para que seas consciente de su magnitud y razón de ser.

PECHOS

Uno de los primeros signos que indican a la mujer la probabilidad de embarazo es el crecimiento de los pechos y una mayor sensibilidad en ellos. En ocasiones, como me ocurrió a mí, este indicador llegó incluso antes que la prueba de embarazo. Durante la gestación, las glándulas mamarias se desarrollan para poder lactar. Los alveolos, unos pequeños sacos en los que se producirá y almacenará la leche, aumentan de tamaño. En paralelo, los conductos mamarios que transportarán la leche de los alveolos al pezón también crecen y se ramifican.

El cuerpo de la madre se prepara para el posparto,

producir y secretar leche, pero también para ponerle las cosas fáciles al bebé durante la lactancia. Así, el pezón se endurece y la aureola que lo envuelve se expande y adquiere una textura más rugosa debido al incremento de esos pequeños bultitos que la caracterizan, los tubérculos de Montgomery. El pezón y la aureola también se oscurecen, del mismo modo que lo hace una finísima línea que recorre el vientre de la madre, llamada línea alba. Estos cambios de textura y pigmentación, en contraste con el resto de la piel, facilitarán al bebé la localización de su fuente de alimento, e incluso lo impulsarán a reptar hacia ella de forma refleja tras el parto.

MÚSCULOS Y HUESOS

Los músculos y los huesos de la madre también se adaptan durante el embarazo. Las lumbares se curvan, se produce esa lordosis característica de las embarazadas que tanto marca su forma de caminar en un intento de compensar un nuevo centro de gravedad. Esa manera de andar tan típica nos permite detectar que una mujer está en avanzado estado de gestación incluso sin llegar a ver su abultado abdomen. En su interior, los ligamentos y cartílagos, especialmente los de la pelvis, se tornan más laxos, no solo para albergar al bebé mientras crece en su útero, sino también para poder sacarlo con mayor facilidad por el canal de parto.

Recuerdo lo mucho que me sorprendió la primera vez que leí acerca de los cambios cardiovasculares durante el embarazo. El sistema circulatorio materno pasa de contener cinco litros de sangre a albergar hasta siete litros y medio al final de la gestación. ¡Estamos hablando de un incremento que puede llegar a ser del 50 %! El corazón, además de bombear mayor volumen sanguíneo, lo hace de forma más rápida. Los vasos se dilatan, la presión arterial disminuye y aumenta la capacidad de coagulación, entre otros reajustes. Estos cambios son imprescindibles para que el bebé obtenga los nutrientes y el oxígeno necesarios para su correcto desarrollo. De hecho, el útero es uno de los órganos que recibe mayor irrigación durante el embarazo; pasa de recibir cincuenta mililitros de sangre por minuto a recibir unos quinientos.

De nuevo, esta transformación está dirigida a proteger a la díada durante la gestación, pero también durante el parto. La mayor capacidad de coagulación de la sangre o ese 50 % de volumen sanguíneo extra permiten prevenir y compensar hemorragias que pudieran producirse al dar a luz. Hay que tener en cuenta que, en un parto vaginal sin complicaciones, la madre puede perder un promedio de medio litro de sangre; por lo tanto un poquito de sangre extra con facilidad para coagular no resulta nada despreciable.

No puedo dar por concluido este apartado sin mostrarte lo que ocurre en uno de los sistemas más novelescos del cuerpo humano, el sistema inmune. Este sistema de defensa encargado de proteger al cuerpo de invasores externos es uno de los principales obstáculos a sortear para asegurar el éxito del embarazo y del parto. Vale la pena que le dediquemos una sección.

2. El sistema inmune

El sistema inmunitario suele representarse como un ejército que nos protege de enfermedades gracias a su capacidad para neutralizar invasores externos tales como virus, bacterias, hongos o toxinas.

¿CÓMO FUNCIONA EL SISTEMA INMUNITARIO?

El sistema inmune o inmunitario suele dividirse en dos partes: el sistema inmunitario innato y el sistema inmunitario adaptativo.

El sistema inmunitario innato es la primera línea de defensa. Si algún invasor externo logra introducirse en nuestro cuerpo, tenemos células especializadas en defensa, como las células NK (*natural killer*), que, como su nombre indica, tienen la capacidad de atacarlo y destruirlo rápidamente de forma indiscriminada. Podríamos visualizarlas como policías que patrullan nuestro cuerpo e identifican cualquier actividad sospechosa, pero sin guardar un registro de los malhechores habituales.

El sistema inmunitario adaptativo es la parte más especializada de nuestra defensa. Su respuesta es más precisa

---

que la del innato, pero la contrapartida es que requiere tiempo, no es tan inmediata. Imaginemos una enorme base de datos de infecciones pasadas que facilita la identificación de malhechores recurrentes o sospechosos habituales y que incluye técnicas dirigidas a neutralizar a cada uno de ellos. En este sistema participan diferentes tipos de células, incluidas las famosas células T. Hay diferentes tipos de células T; dos de los más importantes son las células T colaboradoras y las células T reguladoras (Treg). Las primeras son como soldados que, cuando encuentran un enemigo con el que han tenido contacto previo, recuerdan cómo combatirlo eficazmente. Las segundas actúan como embajadoras de la paz, vigilando la respuesta inmunitaria para evitar que se descontrole.

Como en cualquier estrategia militar, la respuesta del sistema inmunitario requiere de una armoniosa coordinación, que se consigue en parte gracias a las citoquinas, unos mensajeros que informan al resto de las células acerca del estado de la batalla y del plan de acción.

Burdamente, podríamos decir que el plan de acción oscila entre dos escenarios principales: el proinflamatorio y el antiinflamatorio.

Cuando el sistema inmunitario detecta una infección o lesión, pone en marcha una respuesta inflamatoria. Dicha respuesta involucra células inmunitarias, como macrófagos, neutrófilos y ciertas células T, que liberan citoquinas proinflamatorias como la interleuquina-1 (IL-1), la interleuquina-6 (IL-6) y el factor de necrosis tumoral alfa (TNF-alfa). Las citoquinas avisan a otras células inmunitarias para que acudan al lugar de la infección y ayuden a combatir patógenos y a reparar tejidos dañados. Así, un estado proinflamatorio indica que el sistema inmunitario está trabajando activamente para combatir una amenaza.

Una vez que la infección o lesión está bajo control, el sistema inmunitario muda a un estado antiinflamatorio ordenando la retirada de las tropas para prevenir daños excesivos en los tejidos circundantes. Este estado involucra, entre otras poblaciones celulares, a células Treg —las embajadoras de la paz—, a citoquinas antiinflamatorias, como la interleuquina-10 (IL-10), y al factor de crecimiento transformador beta (TGF-beta). Las células Treg desempeñan un papel crítico en la regulación de la respuesta inmunitaria y en la supresión de la inflamación excesiva. Como veremos, también son clave para inducir un estado de inmunotolerancia durante el embarazo.

Para que el sistema inmune pueda atacar a invasores externos, primero debe detectarlos y diferenciarlos de las células propias. Esta distinción se hace sobre la base del ADN de las células. Si el ADN del sospechoso se identifica como propio, el sistema inmune no lo ataca; si es diferente, pone en marcha la batalla para neutralizarlo.

Pero ¿qué ocurre durante el embarazo? Recordemos que el bebé hereda la mitad de su ADN del padre o del progenitor masculino y que, como acabamos de ver, las células del sistema inmune están diseñadas para atacar a cualquier organismo con un ADN diferente al suyo. Así, durante el embarazo, las células inmunitarias responsables de salvaguardar la salud de la madre deberán reajustar su funcionamiento para tolerar al futuro bebé y abstenerse de atacarlo, como lo harían en circunstancias normales. Además, no se trata solo de tolerar al futuro bebé, sino de protegerlo, nutrirlo, asegurar su desarrollo y, llegado el momento, parirlo.

Históricamente se pensaba que las mujeres embarazadas se encontraban inmunosuprimidas. Se creía que el embarazo se asemejaba a los tratamientos que se administran a pacientes trasplantados para evitar que rechacen el órgano. Dichos tratamientos provocan que la capacidad de activación y la eficacia del sistema inmune para atacar a agentes externos sea casi nula. ¿Os imagináis qué peligro para las embarazadas si fuese así?

Actualmente, las investigaciones dibujan un panorama algo más complejo, pero mucho más interesante. Según indican, el bebé pone al sistema inmune materno a su disposición. Si se tratase de una novela, podríamos imaginarnos el siguiente diálogo: «Alto. No sois de las nuestras, no debéis estar aquí. Vamos a acabar con vosotras porque lo más importante es la supervivencia de este individuo», dirían unas células del sistema inmune materno, llamadas *natural killer*, cuando se topasen por primera vez con el ADN foráneo del bebé. Entonces, las células del bebé encargadas de anidar en el cuerpo de la madre les mostrarían su identificador, o lo que en biología se conoce como HLA *(Human Leukocyte Antigens)*. Sería un HLA especial de embarazo, en el que se presentarían como «agentes secretos» y responderían: «Tranquilas, no venimos a poner en peligro a vuestra anfitriona. Nuestra misión es más importante que la de asegurar la supervivencia del individuo. Venimos a salvaguardar la supervivencia de la especie y para ello necesitamos vuestra ayuda. A partir de ahora, trabajaréis para nosotras». Y así es cómo el bebé pone el sistema inmune de la madre a su servicio.

Obviamente, lo que ocurre a nivel celular es infinitamente más complejo y, en parte, aún desconocido. Si quieres saber exactamente qué ocurre en el sistema inmune durante la gestación, te recomiendo consultar las publicaciones y charlas del doctor Gil Mor, de la Universidad de Estatal Wayne, en Estados Unidos.

Simplificando de nuevo el mensaje, quedémonos con la idea de que las investigaciones realizadas por este y otros expertos del campo de la inmunología del embarazo nos hablan de adaptaciones dinámicas del sistema inmune, en las que cada etapa del embarazo requiere de un entorno inmunitario específico.

En la actualidad, se identifican tres etapas principales. El inicio del embarazo se caracteriza por un estado de proinflamación local controlada que, paradójicamente, es necesario para facilitar la implantación. En este estado proinflamatorio, las células *natural killer* de las que te he hablado y que temporalmente están al servicio de los «agentes del embarazo» juegan un papel principal promoviendo la tolerancia y el desarrollo de los vasos sanguíneos precisos para la implantación y el desarrollo de la placenta. Alrededor de la semana doce, el cuerpo materno entra en un estado predominantemente antiinflamatorio para permitir la tolerancia y el crecimiento del futuro bebé. En esta segunda etapa incrementa el número de células T reguladoras, se cree que para calmar al sistema inmune e inducir un estado de inmunotolerancia hacia el bebé durante su maduración. Por último, al final del embarazo, la madre vuelve a un estado proinflamatorio caracterizado por un incremento de las citoquinas inflamatorias. Este estado proinflamatorio parece tener un papel esencial en el inicio del parto. De hecho, algunos autores conceptualizan el parto como el despertar del sistema inmune de la madre, que se esfuerza ahora por sacar de su cuerpo a ese ser genéticamente distinto.

Este modelo nos permite explicar algunos de los problemas más frecuentes que ocurren durante el embarazo. Por ejemplo, la incapacidad de entrar en un estado inflamatorio durante las primeras doce semanas impediría la implantación del embrión en el útero. Del mismo modo, la imposibilidad de cambiar del estado de inflamación inicial a otro antiinflamatorio durante el periodo de crecimiento del bebé conllevaría una pérdida temprana. Por último, un estado fisiológico caracterizado por señales proinflamatorias antes de las treinta y siete semanas de gestación podría desencadenar un parto prematuro.

CURIOSIDADES

Datos preliminares sugieren que la exposición al fluido seminal del progenitor masculino podría contribuir a las adaptaciones del sistema inmune durante el embarazo. Según estos hallazgos, si la madre ha sido expuesta previamente a fluido seminal del padre, sus células T, aquellas que actúan como soldados del sistema inmune con memoria específica, ya habrán estado en contacto con antígenos del padre y sabrán cómo actuar para facilitar el embarazo. En otras palabras, ya tendrán registrado en su archivo el identificador del sospechoso y el plan de acción. Como digo, se trata solo de datos preliminares.

Existen más evidencias en cuanto a la adaptación del sistema inmune en un segundo embarazo con el mismo progenitor masculino. En ese caso, las células T tendrán más facilidad para identificar los antígenos paternos y proteger al nuevo bebé. Además, tras el nacimiento de este, parte de la información del padre se queda pululando de por vida por el cuerpo de la madre gracias a un fenómeno fascinante llamado microquimerismo fetomaternal (ya te hablaré de él más adelante).

Hasta aquí, hemos visto cambios en el tejido mamario y en los sistemas musculoesquelético, cardiovascular e inmune. Y podríamos seguir con el resto del cuerpo. Podríamos hablar de la hiperventilación pulmonar, de la mayor tasa de filtrado de los riñones, de las infecciones genitourinarias o de las náuseas y los vómitos. Pero, como dije, no es nuestro objetivo. El fin de esta sección era reflejar cómo todo un organismo se adapta de forma descomunal, global, precisa y dinámica. Cómo el embarazo, pese a tratarse de un fenómeno completamente normal y, afortunadamente, muy común, no debe trivializarse, sino valorarse en toda su magnitud. Debe conceptualizarse como un proceso que transformará para siempre el cuerpo de la mujer, ya que algunos de los cambios que acabamos de ver, al igual que la maternidad, son para toda la vida.

Las preguntas ahora son: ¿cómo es posible que una célula fecundada situada en el aparato reproductor femenino sea capaz de modificar el funcionamiento de todo un organismo?; ¿cómo es posible que sea capaz de influir en órganos tan lejanos como el corazón, los pulmones o los riñones y monitorizar su funcionamiento durante más de nueve meses? Para dar respuesta a estas preguntas necesito presentarte una de las estructuras más relevantes del panorama científico actual, la heroína invisible del embarazo, un órgano que ya desde el momento de su creación tiene fijada su fecha de caducidad: la placenta.

3. La placenta, la gran olvidada

¿Qué forma tiene una placenta? La gente le atribuye forma de brócoli, de árbol, de pizza, de cuenco, de luna creciente, de *frisbee*, de tortita… Tortita o, mejor dicho, torta es la procedencia etimológica del nombre. La palabra *placenta* procede del latín y significa 'torta'. Esta a su vez fue adaptada de la palabra griega *plakoûs (πλακοῦς)*, cuyo significado es 'pastel plano', aludiendo a su forma redonda y plana. Según una antigua receta grecorromana fechada en el 160 a. C., para elaborar el dulce llamado placenta se necesitan tortas finas de harina, queso, miel y laurel. Como veremos, para elaborar el órgano llamado placenta, la receta se complica.

En las civilizaciones antiguas, la placenta —el órgano, no el postre— tenía un gran significado espiritual y simbólico. La consideraban un elemento sagrado, protector del bebé y reflejo primigenio del vínculo entre madre e hijo, y practicaban con ella rituales de enterramiento o incineración que aún persisten en algunas culturas. Por ejemplo, en la comunidad hmong, del sur de Asia, la placenta debe enterrarse en casa, ya que creen que, cuando un hmong muere, regresa a su lugar de nacimiento. Allí se reencuentra con su placenta, que le ayuda a viajar al mundo de los espíritus.

En nuestra sociedad, la placenta suele considerarse un desecho del parto, un residuo biológico que directamente se arroja a un contenedor para su incineración. Por suerte, cada vez es más frecuente que antes haga una parada en las poyatas de los laboratorios, desde donde nos muestra cómo ejerce de interfaz entre mamá y bebé, actuando como órgano endocrino e inmune.

Las investigaciones sobre la formación de la placenta nos ayudan a comprender mejor los mecanismos que subyacen a muchas de las patologías relacionadas con la gestación y el parto, como la preeclampsia. Pero su aportación a las ciencias biomédicas va más allá de la maternidad. El funcionamiento de este órgano parece contener algunas de las claves para descifrar, ni más ni menos, las estrategias que utilizan las células cancerígenas para reproducirse y extenderse a diferentes tejidos. Es tal el interés que está despertando que desde la comunidad científica se han creado iniciativas internacionales, como la

Human Placental Project,[2] destinadas a estudiar cómo la placenta puede incidir en la salud de la madre y del bebé, no solo durante el embarazo, sino durante el resto de su vida.

PLACENTA Y PREECLAMPSIA

La preeclampsia es uno de los trastornos más frecuentes del embarazo y afecta aproximadamente al 5 % de las mujeres embarazadas. Clínicamente se caracteriza por hipertensión arterial y niveles elevados de proteínas en la orina (proteinuria). En casos graves, puede llegar a provocar lesiones multiorgánicas y lo que se conoce como síndrome de HELLP (hemólisis, enzimas hepáticas elevadas y plaquetas elevadas). Se trata de un trastorno multifactorial en el que participan factores genéticos, inmunitarios y vasculares tanto de la madre como del feto. Uno de los modelos principales, que no el único, postula que dichos factores alterarían el proceso de implantación del embrión, comprometiendo la capacidad de la placenta para desarrollar adecuadamente los vasos sanguíneos que la conectan con el sistema circulatorio materno. Como resultado, esos vasos sanguíneos pueden volverse disfuncionales o más estrechos de lo normal. Al inicio del embarazo, cuando el feto es pequeño y sus necesidades nutricionales y de oxígeno son mínimas, el reducido flujo sanguíneo no supone un gran

2. <https://www.nichd.nih.gov/research/supported/human-placenta-project/default>.

problema. Sin embargo, a medida que el embarazo progresa y el feto crece, también aumentan sus demandas. Cuando esto ocurre, la placenta, como mecanismo compensatorio ante esos vasos sanguíneos pequeños que no aportan suficiente sangre, envía señales para que aumente el flujo sanguíneo. Este sigue siendo insuficiente, así que la placenta vuelve a intentarlo, lo que resulta en un bucle que da lugar a los síntomas típicos de la preeclampsia como hipertensión, hinchazón, dolores de cabeza o problemas de visión, entre otros.

Pese a que la implantación y la formación de vasos sanguíneos se producen a las pocas semanas de la fecundación, los síntomas típicos de la preeclampsia suelen detectarse entre las veinticuatro y treinta semanas de gestación. Si son graves, el tratamiento puede consistir en inducir el parto de manera prematura, con el riesgo que eso conlleva para la madre y para el bebé. Por suerte, existen varias pruebas de cribado a partir de analíticas de sangre que permiten detectar riesgo de preeclampsia antes de que aparezcan los síntomas, para así intentar prevenirlos. Según una publicación reciente de Moufarrej y colaboradores, una de estas pruebas es capaz de identificar marcadores de riesgo entre las semanas cinco y dieciséis de gestación.

PLACENTA Y CÁNCER

Cuando hablamos de cáncer, nos referimos a un conjunto de enfermedades que se caracterizan por el desarrollo de células anormales que se dividen rápidamente y sin control.

Estas células tienen la capacidad de invadir tejido sano del cuerpo y de formar nuevos vasos sanguíneos para abastecerse, todo esto sorteando las barreras del sistema inmune. Pues bien, eso es exactamente lo que hacen algunas células de la placenta para implantarse en el cuerpo de la madre. Como veremos en este capítulo, las células de la placenta son capaces de dividirse rápidamente, de invadir el endometrio de la madre, de formar nuevos vasos sanguíneos (en este caso, para abastecer al bebé) y de eludir el sistema inmune materno.

Estos paralelismos en las estrategias de propagación suscitan un gran interés en la comunidad científica. Tanto es así que una de las líneas de investigación en el campo del cáncer utiliza células placentarias para comprender mejor la biología de la enfermedad y desarrollar así nuevas estrategias de tratamiento. Cuidado, porque esto no implica que las células placentarias sean cancerígenas, ni mucho menos. Las células placentarias son esenciales para el desarrollo y la supervivencia del bebé y crecen de forma precisa, coordinada y controlada. Por el contrario, las cancerígenas tienen un crecimiento incontrolado y dañino para el organismo. Son células con objetivos finales muy diferentes que, simplemente, utilizan estrategias similares para conseguirlos.

¿LA PLACENTA ES DE LA MADRE O DEL BEBÉ?

Comúnmente, se considera que el primer órgano que se desarrolla durante el embarazo es el corazón del bebé.

Siendo puristas, esto no sería del todo cierto. El primer órgano que se desarrolla no es el corazón, ni los riñones, ni el cerebro, sino la placenta, su placenta. Esta estructura empieza a formarse entre los días siete y diez posteriores a la fecundación y en la semana doce ya es funcional.

Así, la placenta es un órgano de origen fetal. La mayor parte de células que la componen contienen el ADN del bebé y solo una pequeña parte procede de la madre, en concreto del endometrio, la capa más interna del útero que durante el embarazo recibe el nombre de decidua. Tanto la placenta como el bebé comparten el mismo origen: una célula producto de la fusión entre el ovocito y el espermatozoide. A esa célula la conocemos como cigoto y, como todas las células de nuestro cuerpo (excepto las sexuales), contiene cuarenta y seis cromosomas, la mitad de cada progenitor.

El cigoto se va dividiendo a medida que desciende por las trompas de Falopio camino al útero y pasa de ser una célula a ser dos, luego cuatro, más tarde ocho y así hasta formar una bola llena de líquido compuesta por unas doscientas células genéticamente idénticas que llamamos blastocisto (figura 1).

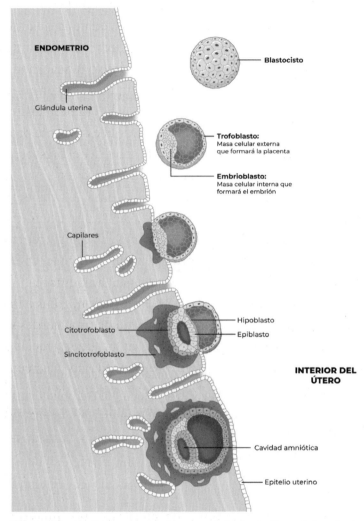

Figura 1: Ilustración que recoge el proceso de implantación embrionaria, desde el blastocisto hasta la formación de las capas celulares que darán lugar al embrión y a la placenta.

Una parte de esas células se posiciona en el contorno y otra parte en el interior de la bola. Si cada una de estas células fuese una uva, podríamos visualizar el blastocisto como un racimo de uvas verdes muy denso descansando en el fondo de una cavidad llena de líquido. El conjunto estaría envuelto por otra capa de uvas ligeramente diferentes, pongamos uvas rojas, que desde el exterior le proporcionan forma de esfera. La parte interna del blastocisto, las uvas verdes, dará lugar al embrión, y la externa, las uvas rojas que lo envuelven, a la placenta. La primera recibe el nombre de embrioblasto, pero, por desgracia para nuestra memoria, la segunda no se llama placentoblasto, sino trofoblasto, un prefijo (*trofo-*) procedente del griego *threphein* (θρέφειν), que significa 'alimentar'.

Existen muchísimos libros de divulgación, guías o incluso apps que detallan cómo el racimo de uvas verdes se va convirtiendo, semana a semana, en un bebé gracias a una sucesión de eventos perfectamente hilados. Os recomiendo consultar el libro *9 meses desde dentro*, de Eduard Gratacós y Carme Escalas, para entender los entresijos del desarrollo embrionario y fetal. No existe tanta divulgación acerca del desarrollo de la placenta —las uvas rojas— y de su papel en la orquestación de los cambios fisiológicos que experimenta la mujer durante el embarazo. Así que nos centraremos en ella, en la capa de células que envuelve el blastocisto, llamada trofoblasto, y que dará lugar a la placenta.

¿QUÉ OCURRE CON LAS UVAS VERDES?

El embrioblasto se organiza en dos capas (disco bilaminar) y, después, mediante el proceso de gastrulación, en tres, que también se conocen como líneas germinales. Son el ectodermo, el mesoderno y el endodermo. A partir de cada una de ellas, se forman los diferentes tejidos y órganos del futuro bebé.

Del ectodermo se derivan, entre otros, el sistema nervioso, la piel, los ojos y el oído interno del bebé. Del mesodermo, las células que dan lugar, por ejemplo, al sistema musculoesquelético y a los aparatos reproductores, cardiovasculares y renales. Por su parte, las células procedentes del endodermo crean principalmente las glándulas endocrinas, los pulmones, el sistema digestivo y el hígado. Hacia finales del primer trimestre la mayoría de estos órganos ya se han formado. En los siguientes meses madurarán refinando su anatomía, complejidad y funcionamiento hasta formar un bebé a término.

DE LAS UVAS ROJAS A LA PLACENTA

Aproximadamente una semana después de la fecundación se acaba la reserva de alimento que tiene el futuro bebé para mantenerse. Para que el embarazo tenga éxito, el trofoblasto debe agarrarse a la decidua y excavar en ella en busca de vasos sanguíneos maternos de los que extraer nutrientes y oxígeno para los próximos nueve meses. En eso consiste la implantación. Se trata de una misión complicada, ya que debe evitar que el sistema inmune materno lo identifique y lo ataque. ¿Cómo lo consigue? Cuando el trofoblasto entra en contacto con la decidua, se producen una serie de reacciones que hacen que se diferencie en dos tipos de capas celulares.

Una es la capa de células bien definidas que sigue envolviendo al blastocisto, las mismas uvas rojas que teníamos antes y que ahora llamamos cintiotrofoblasto. Y, por encima de esta, otra capa celular, pero no una normal, sino una muy especial; una cuyas membranas están fusionadas entre ellas dando lugar a una especie de «megacélula» con muchos núcleos en su interior. Siguiendo con nuestro símil, sería como si todas las uvas estuvieran unidas compartiendo la misma piel, sin posibilidad de diferenciarlas. Esta capa formada por muchos núcleos celulares fusionados tiene el complicadísimo nombre de sincitiotrofoblasto, cuyo prefijo *sincitio-* (del griego σύγκυτος) viene de la palabra griega *syn*, que significa 'juntos', y de *kytos*, que significa 'célula'. Es decir, un montón de células juntas.

LA MEGACÉLULA

¿Por qué creo que la capa celular del sincitiotrofoblasto es especial? Pues por varias razones.

La primera es que el sincitiotrofoblasto tiene la capacidad de manipular al sistema inmune, ya que posee el identificador (o HLA) especial de «agente secreto del embarazo» del que te he hablado antes. Él es el encargado de excavar en el tejido materno en busca de vasos sanguíneos de la madre. Cuando los encuentra, los rompe y los remodela. Como si de una tubería se tratase, la sangre materna se vierte formando pequeños charcos o lagunas en la decidua. Durante la excavación, el sincitiotrofoblasto también prepara el terreno para que puedan enraizar los vasos sanguíneos del bebé. Imaginemos que estos vasos son como las raíces de un árbol cuyo tronco será el cordón umbilical y cuya copa formará al bebé. Del mismo modo que las raíces de un árbol se enraízan en la tierra y se ramifican en busca de agua y nutrientes, los vasos del bebé se enraízan en la decidua para buscar lagunas con sangre materna. Cuando llegan a estas, se quedan flotando en ellas como anémonas en el mar para realizar el intercambio de sustancias.

Pero los vasos sanguíneos del bebé no van a pecho descubierto. El sincitiotrofoblasto y otras capas celulares los envuelven para evitar que las células inmunes de la sangre materna los detecten.

Si tuviese que convertir al sincitiotrofoblasto en un personaje de cuento infantil, lo dibujaría como un fontanero formado por muchas personitas fusionadas que conduce una excavadora y lleva un identificador de «agente secreto del embarazo». La misión de este personaje sería: 1) realizar algún trabajo de fontanería para que la sangre materna forme lagunas; 2) preparar el terreno para que las raíces de los vasos sanguíneos del bebé lleguen a las lagunas; y 3) cubrir estas raíces con su capa protectora para que el sistema inmune de la madre no las ataque.

Volviendo ahora al lenguaje más técnico, las lagunas reciben el nombre de espacios intervellosos, y las raíces de los vasos del bebé, con sus capas protectoras, se llaman vellosidades coriónicas. Estas son las partes esenciales de la placenta.

CURIOSIDADES

Tal vez pienses que las células del sincitiotrofoblasto no son tan fascinantes como para tener que recordar su complicado nombre. No tomes una decisión precipitada antes de leer esta sección sobre el origen evolutivo de la placenta.

Mucho antes de que existiesen los mamíferos placentarios, existían los ovíparos, es decir, especies que se reproducen a partir de huevos. Según los biólogos evolutivos, la placenta «apareció» hace unos ciento cincuenta o doscientos millones de años. ¿Cómo se ha pasado de poner huevos a desarrollar a la descendencia en el interior? Aún no se sabe a ciencia cierta, pero todo apunta a que es gracias al sincitiotrofoblasto.

Como hemos visto, esta capa celular desempeña un papel esencial en la formación de la placenta protegiendo al bebé del sistema inmune materno. Y aquí viene la parte más fascinante de la historia. Resulta que cuando los biólogos evolutivos analizaron el genoma de esta capa celular, observaron que no procedía de ADN humano. Tras varios análisis, una de las hipótesis más aceptadas es que el ADN del sincitiotrofoblasto procede de... ¡un retrovirus!; es decir, un tipo de virus que se inserta en el ADN del organismo y se

---

queda ahí de por vida transmitiéndose de generación en generación.

En resumen, según esta hipótesis de la biología evolutiva, hace mucho mucho tiempo, un retrovirus infectó a un vertebrado ovíparo y desencadenó la evolución de una proteína llamada sincitina, que, a su vez, permitió la creación de la capa celular sincitiotrofoblasto, y esta, la formación de la placenta y la aparición de los mamíferos placentarios.

Pero no es el único caso de ADN de origen viral en el organismo humano. Aproximadamente el 8 % del genoma humano está formado por fragmentos de ADN vírico, restos de antiguas infecciones víricas que se fueron integrando en nuestro material genético a lo largo de millones de años. Estos restos se conocen como retrovirus endógenos y han desempeñado un papel importante en la evolución de nuestro genoma.

En esta sección hemos visto cómo empieza a formarse la placenta y cómo consigue conectar el torrente sanguíneo de la madre con el del bebé. Se trata solo del inicio, de la formación de las partes principales y más básicas de esta estructura. A lo largo del embarazo, la anatomía de la placenta se irá perfeccionando hasta dar lugar a esa «torta» de veinte centímetros de diámetro y tres de grosor que contendrá todas las estructuras que se describen en los libros de biología y medicina y que os muestro en la figura 2. En cuanto a su función, veamos cuáles son las tareas principales de la placenta durante el embarazo o, lo que es lo mismo, durante toda su vida.

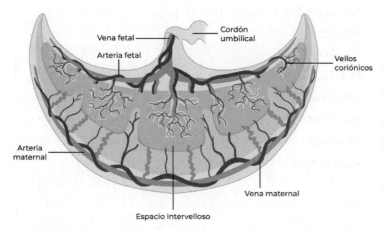

Figura 2: Partes principales de la placenta.

LA GUARDIANA DEL BEBÉ

Una de las principales funciones de la placenta, la más conocida, sin duda, es actuar de interfaz entre el torrente sanguíneo de la madre y el del bebé. No se trata solo de un mero filtro que decide qué pasa y qué no, sino de un sofisticado programa capaz de cumplir todo un conjunto de funciones que aseguren el éxito del embarazo.

Antes de cederle el testigo a la madre, la placenta ocupa el papel de cuidadora principal del bebé. Actúa como su corazón, sus pulmones, su estómago o sus riñones, mientras el bebé no puede bombear sangre, respirar, digerir alimentos o filtrar residuos por sí mismo. Esta guardiana toma nutrientes y oxígeno de la sangre materna, los procesa y los hace llegar al torrente sanguíneo del bebé, del que recoge dióxido de carbono y productos de desecho que se encarga de metabolizar antes de enviarlos de vuelta a la sangre materna. A través de la placenta, el bebé también recibe de la madre una serie de anticuerpos para que en el momento del nacimiento esté ya preparado para afrontar determinadas infecciones.

CURIOSIDAD

Como sabes, el bebé está conectado a la placenta por el cordón umbilical, que normalmente está formado por dos arterias y una vena. Solemos asociar las arterias con el transporte de sangre con oxígeno y las venas con el transporte de sangre con dióxido de carbono. En este caso ocurre al revés. Es la vena del cordón umbilical la que hace llegar al bebé nutrientes y oxígeno y son las arterias las que envían dióxido de carbono y productos de desecho de vuelta a la placenta.

Pero la placenta no solo ejerce de interfaz entre madre e hijo; también actúa como centro de control del embarazo. Se trata de una máquina capaz de fabricar y liberar sustancias, entre ellas, hormonas y citoquinas, que viajan por el torrente sanguíneo modificando el funcionamiento del resto de órganos maternos. Son estos mensajeros sintetizados y secretados por la placenta los que desencadenan todos los cambios fisiológicos de los que te he hablado al inicio del capítulo.

La placenta produce la hormona gonadotropina coriónica humana (hCG), encargada de mantener el endometrio receptivo para la implantación (véase el siguiente cuadro). También otras como la progesterona, los estrógenos o el lactógeno placentario, responsables del desarrollo del tejido mamario. Asimismo crea hormonas, como la relaxina, que aportan flexibilidad a las articulaciones y ligamentos. Estas hormonas, junto con otras como la aldosterona, ajustan el funcionamiento del sistema cardiovascular a las demandas de cada etapa gestacional. La placenta incluso produce las citoquinas inflamatorias y prostaglandinas que facilitan el trabajo de parto.

LA PRESENCIA DE hCG COMO PRUEBA DE EMBARAZO

Las pruebas de embarazo consisten en detectar la presencia de hCG. En concreto, una parte de esta llamada beta, que se produce únicamente durante el embarazo. Las células que darán lugar a la placenta producen hCG al inicio del embarazo para prevenir que el cuerpo lúteo se desintegre y deje de producir progesterona, esta última necesaria para mantener el endometrio en condiciones idóneas para la implantación y evitar que se desprenda dando lugar a la menstruación. A medida que progresa el embarazo, la placenta ya no necesita al cuerpo lúteo, puesto que es capaz de producir progesterona por sí misma y evitar el desprendimiento del endometrio.

Mediante la liberación de estas sustancias, la placenta busca conseguir un nuevo equilibrio fisiológico en el cuerpo de la madre, un nuevo estado homeostático destinado a asegurar la supervivencia del bebé sin sacrificar *demasiado* la salud de la madre. Como hemos visto, se trata de un equilibrio dinámico que debe adaptarse a las demandas específicas de cada etapa gestacional. ¿Su función? Facilitar el embarazo, el parto y el posparto. Adivina en qué parte de la placenta se producen principalmente estas sustancias. Exacto, en nuestra capa celular favorita, el sincitiotrofoblasto.

CURIOSIDADES

¿La placenta tiene sexo?¿Hay placentas masculinas y placentas femeninas? La respuesta es sí. Como sabes, durante la fecundación, el espermatozoide aporta un cromosoma X o un cromosoma Y al óvulo materno (siempre X), determinando así el sexo con el que nacerá el bebé (XX femenino o XY masculino). Puesto que bebé y placenta proceden de una misma combinación genética, la placenta comparte el mismo sexo que el bebé. No se trata pues de una estructura asexual, sino de un órgano sexualmente dimórfico, al igual que todos los órganos de nuestro cuerpo. Hay placentas masculinas y placentas femeninas.

Que las placentas tengan sexo no es solo un dato curioso, sino también un dato científicamente relevante. Investigaciones recientes, como la de Maxwell y colaboradores (*iScience*, 2023), sugieren que el «sexo» de la placenta modula la forma en la que esta responde a tóxicos de la contaminación atmosférica como el benceno. Según estos estudios, la exposición a benceno en placentas masculinas produce alteraciones en rutas del sistema inmune, mientras que en placentas femeninas produce alteraciones en rutas metabólicas. Estos hallazgos abren la puerta a plantear el papel de la placenta como modulador de enfermedades que se detectan en la vida extrauterina (ya sea en la infancia o en la vida adulta) y cuya prevalencia difiere entre hombres y mujeres. Esperemos a ver qué nos dice la ciencia en los próximos años.

En este apartado, te he presentado a una gran desconocida del embarazo: la placenta. En el siguiente capítulo, te hablaré del protagonista del libro: el cerebro. Y si la placenta te ha parecido un órgano fascinante, espera a conocerlo a él.

Capítulo IV

El cerebro

¡Como el entomólogo a la caza de
mariposas de vistosos matices, mi
atención perseguía, en el vergel de la
sustancia gris, células de formas deli-
cadas y elegantes, las misteriosas mariposas del alma, cuyo batir de alas
quién sabe si esclarecerá algún día el
secreto de la vida mental!

SANTIAGO RAMÓN Y CAJAL,
Recuerdos de mi vida

Somos nuestro cerebro. Puede que esta afirmación te pa-
rezca exagerada. Tal vez pienses que con ella descarto toda
la espiritualidad que durante miles de años ha acompañado
al ser humano. Quizá incluso te plantees si estoy adoptan-
do una visión puramente biologicista y determinista que
niega la importancia del ambiente, el contexto social, cul-

tural o histórico en el que se crea y desarrolla ese cerebro; una visión que concibe la mente como el producto de reacciones y moléculas químicas determinadas genéticamente. A lo mejor crees que resto importancia a otros órganos vitales como el corazón o los pulmones, sin los cuales tampoco somos. Espero convencerte de que no es así.

Permíteme matizar. Cuando digo, o mejor dicho, cuando escribo «somos nuestro cerebro», me refiero a que es en el cerebro donde se manifiestan nuestra genética, nuestra biología y nuestro ambiente. Incluso las sensaciones que proceden de nuestro cuerpo, como los latidos del corazón o el flujo de nuestra respiración, se regulan, perciben e interpretan en el cerebro. En este órgano de aproximadamente un kilo y medio se escenifican las sensaciones, los pensamientos, las historias pasadas, los deseos o las expectativas, tanto en su versión consciente como inconsciente. Es gracias a nuestro cerebro humano como conseguimos alcanzar la espiritualidad.

En el cerebro se encuentra nuestra psique. *Psique* es una preciosa palabra griega que en sus orígenes significaba 'mariposa' y que a la vez daba nombre al suspiro silencioso con el que se escapa el alma cuando una persona fallece. En la mitología griega, el alma, la psique, se personifica en una bellísima joven con alas de mariposa unida a su amor, el dios Eros; se crea así una preciosa alegoría que entrelaza el alma (la mente) con el amor. En la actualidad, el término «psique» suele utilizarse como sinónimo de mente para referirse al conjunto de capacidades y procesos mentales del ser humano, tanto conscientes como inconscientes.

Como decía, la psique está en nuestro cerebro y el mejor ejemplo de ello nos lo dan, lamentablemente, compañeros de vida. Nos lo recuerdan aquellos amigos y familiares con traumatismos craneoencefálicos, alzhéimer o infartos cerebrales graves. Nos lo muestran todas aquellas patologías en las que, al dañar el sustento, la mente se esfuma o por lo menos se transforma profundamente.

En el cerebro se encuentra la materia prima que la experiencia y las presiones ambientales moldearán y cincelarán, dando lugar a quienes somos. Dicho de otro modo, el cerebro es la parte material que sustenta la mente, pero eso no implica que únicamente la biología determine nuestra mente. En la relación entre cerebro y mente no hay un jefe claro que ordene y un subalterno que obedezca; ambos se influyen mutuamente. No hay razón para decantarse por la genética o por el ambiente, como no la hay para separar lo fisiológico de lo psicológico. Todo se integra y se necesita. Lo uno no existe sin lo otro. La psique se desvanece sin el sustento del cerebro y el cerebro no tiene razón de ser si no hay nada que sustentar.

Este es el paradigma neurocientífico imperante, basado en la evidencia, a partir del cual mi cerebro percibe el mundo y se estudia a sí mismo. Como no podía ser de otro modo, es también la visión con la que se escribe este libro, pero siempre desde el respeto y la humildad que me aporta la consciencia de que nos queda aún mucho por descubrir.

1. ¿Qué es un cerebro?

En la era del cerebro, no creo que necesite explicarte demasiado en qué consiste este órgano. Los cerebros están de moda. Aparecen en casi todos los libros de autoayuda. Vemos nombres de regiones cerebrales en noticias de diarios de gran tirada. El cerebro ha llegado incluso, y por fin, a la escena política. Recuerdo, por ejemplo, cómo en 2013 el mismísimo Barack Obama, en su discurso de la nación, hizo alusión al proyecto BRAIN ideado por el español Rafael Yuste, que combina neurociencia y tecnología para mapear las conexiones del cerebro humano.[3] Sin duda, nos encontramos en la época dorada del cerebro, pero también en la que proliferan de manera descontrolada y descarada las «neurocosas».

El prefijo *neuro-* también está de moda. A veces se utiliza para sustituir al prefijo *psico-*, que parece tener menos poder de marketing. Otras veces se emplea con fines claramente engañosos, puesto que tras el reclamo oficial de la «neurocosa» ni lo «neuro» ni lo «psico» se desarrollan en el producto que se anuncia. Como neurocientífica, siento el deber de devolver a lo «neuro», al cerebro, el estatus que se merece, mostrarte qué es, en qué consiste y cómo funciona.

Si buscas en el diccionario de la Real Academia Española la palabra *cerebro*, la primera acepción que aparece dice: «Uno de los centros nerviosos constitutivos del encéfalo [...]». ¿Cómo que es una parte del encéfalo? Un

3. <https://www.humanbrainproject.eu/>.

segundo. ¿No es lo mismo cerebro que encéfalo? Fuera de los laboratorios, sí, cerebro y encéfalo suelen utilizarse de forma intercambiable. Sin embargo, para la neurociencia más purista, el encéfalo es toda la masa viscosa que tenemos dentro del cráneo y el cerebro es solo una parte de esta.

Pongamos orden. Uno de los principales sistemas del cuerpo humano es el sistema nervioso. Este se divide en sistema nervioso central, que incluye el encéfalo y la médula espinal, y sistema nervioso periférico, formado por los nervios y los ganglios que se dispersan por todo nuestro cuerpo. A su vez, el encéfalo incluye el cerebro (al que, para complicar aún más la cosa, también llamamos prosencéfalo), el cerebelo y el tronco encefálico. Puesto que no estamos en ningún laboratorio ni yo soy una persona especialmente purista, en este libro cerebro y encéfalo serán sinónimos; ambas palabras harán referencia al órgano que se encuentra dentro del cráneo.

2. Las misteriosas mariposas del alma

El cerebro, como todos los órganos de nuestro cuerpo, está formado por células. Las más conocidas, pero no las únicas, son las neuronas. El padre de la neurociencia moderna, Santiago Ramón y Cajal, se refirió a ellas en 1901 como «las misteriosas mariposas del alma», y en ellas depositó la esperanza de descifrar la mente. Apuesto a que Cajal utilizó intencionadamente la metáfora de las mariposas para evocar la esencia de psique en todas sus acepciones.

La idea de que el cerebro es un órgano formado por células, como el resto de los órganos de nuestro cuerpo, es relativamente nueva. Durante muchos años se pensó que no era así. La tecnología de la época mostraba el cerebro como un continuo de fibras entrelazadas e indiferenciables. Esta concepción del cerebro recibía el nombre de teoría reticular. Fue nuestro embajador científico, Santiago Ramón y Cajal, quien, a finales del siglo XIX, modificando una técnica desarrollada por otro gran científico, el italiano Camillo Golgi, consiguió ver por primera vez en el microscopio estas células individuales a las que más tarde llamaría neuronas. Gracias a sus descubrimientos, Ramón y Cajal ganó en 1906 el Premio Nobel de Medicina, el cual compartió con el italiano. En la ceremonia de entrega, Golgi fue el primero en recoger el premio y cuentan las malas lenguas que en su discurso cuestionó los hallazgos de Santiago Ramón y Cajal y defendió la anterior teoría reticular. Al navarro Ramón y Cajal, obviamente, eso no le sentó nada bien.

Setenta años después de que Cajal recibiera el Nobel, Edward Norton Lorenz introdujo el concepto de efecto mariposa. Este matemático y meteorólogo estadounidense fue invitado a hacer una presentación en una de las conferencias científicas más importantes del mundo, la organizada por la American Association for the Advancement of Science. Se subió al estrado delante de más de un centenar de personas y mostró el título de su charla: «Predictibilidad: ¿puede el batir de las alas de una mariposa en Brasil producir un tornado en Texas?». Con este título tan provocativo, que seguro captó la atención de la audiencia, presentó lo que posteriormente se conocería como el efecto mariposa. El doctor Lorenz pretendía ejemplificar cómo pequeñas variaciones en las condiciones iniciales (el batir de las alas de una mariposa en Brasil) podían propagarse y amplificarse hasta acabar produciendo grandes variaciones en lejanos estados posteriores (un tornado en Texas).

EL EFECTO MARIPOSA

El efecto mariposa es un concepto de la teoría del caos que ilustra cómo pequeños cambios iniciales en un sistema no lineal determinista pueden conducir a resultados significativos en estados posteriores.

El efecto mariposa se formuló en el contexto de la meteorología, no de la neurociencia. En neurociencia, el determinismo y la causalidad son cuestiones que aún no hemos resuelto del todo. Pero yo no puedo evitar ver las mariposas de Ramón y Cajal volando en Brasil; imaginar que es el batir de esas pequeñas mariposas, las neuronas, el que se expande a medida que el impulso eléctrico se propaga a través de ellas y se transmite a otras neuronas. Un impulso que, en su camino, se amplifica y alcanza regiones y redes cerebrales que sustentan nuestras motivaciones, deseos y expectativas, así como nuestros pensamientos y nuestras acciones, o incluso nuestro conocimiento social y nuestra cultura. En definitiva, es el batir de las misteriosas mariposas del alma el que produce el tornado de la vida mental.

3. ¿Qué forma tienen las mariposas?

Cuando Ramón y Cajal se asomó al microscopio y observó por primera vez las neuronas, escribió: «Sobre un fondo amarillo perfectamente translúcido, aparecen desparramados filamentos negros, lisos y delgados o espinosos y espesos; cuerpos negros, triangulares, estrellados, fusiformes».

Como ya constató Ramón y Cajal, las neuronas varían en forma y tamaño, pero en todas se pueden identificar tres partes esenciales: el cuerpo, las dendritas y el axón. El cuerpo de la neurona, también llamado soma, es el lugar en el que se encuentra el núcleo que alberga el ADN celular. Es ahí, en el núcleo, donde se procesa la información que entra a través de las dendritas. Las dendritas son extensiones que salen del soma para conectar con otras neuronas y captar información de ellas. Es decir, para saber qué se cuece en el cerebro, ver qué les cuentan sus compañeras. Del cuerpo de la neurona sale otra fibra que suele ser más larga y que recibe el nombre de axón. Cuando la neurona considera que la información que recibe por medio de las dendritas es suficiente como para unirse a la conversación cerebral, se activa. Se produce entonces lo que conocemos como potencial de acción, que es básicamente la generación de un impulso eléctrico que se propaga por el axón. Imaginémonos que las neuronas son centros de control eléctricos (somas) a los que llegan múltiples cables (dendritas) con información de otras neuronas y de los que sale un cable principal (axón) que transmite la información.

Pero el cable de salida, el axón, no se inserta en la siguiente neurona. Estas, aunque están muy juntas, no se tocan entre sí. Entonces, cuando el potencial de acción llega al final del cable, ¿qué ocurre? Pues que la neurona debe transmitir la información al resto de forma «inalámbrica» o, mejor dicho, química. Lo hace emitiendo unos mensajeros que viajan hasta unirse a los receptores de las dendritas de otras neuronas. Algunos de estos mensajeros animan a las neuronas que los reciben a unirse a la conversación y otros les aconsejan mantenerse calladas por el momento.

Estos mensajeros se llaman neurotransmisores, y el espacio «inalámbrico» que separa unas neuronas de otras, espacio sináptico. Fue descrito por Charles Sherrington, quien también recibió un Nobel por sus hallazgos. Por su parte, la neurona que libera a los mensajeros recibe el nombre de neurona presináptica porque está «antes» del espacio sináptico, y la que los recibe, neurona postsináptica.

Recapitulemos ahora en un lenguaje más científico. Cuando el impulso eléctrico alcanza el final del axón de la neurona presináptica, esta libera al espacio sináptico vesículas con sustancias químicas, principalmente neurotransmisores. Los neurotransmisores se unen entonces a los receptores localizados en las dendritas de las neuronas postsinápticas y esta unión se manifiesta, o bien como un aumento, o bien como una atenuación de la propensión de la neurona postsináptica para generar un potencial de acción.

Existen más de cien neurotransmisores diferentes, los más conocidos son la dopamina y la serotonina, de los que seguramente habrás oído hablar. Los neurotransmisores son una de las dianas sobre las que actúan muchos de los medicamentos psicotrópicos. Estos fármacos, utilizados para el tratamiento de diversas enfermedades mentales, suelen actuar modificando la disponibilidad o la facilidad con la que los neurotransmisores se unen a los receptores y, por lo tanto, inciden en la transmisión del impulso eléctrico. Tomemos el ejemplo del famoso Prozac, cuyo principio activo produce un aumento de la serotonina disponible en el cerebro y que se utiliza para tratar los síntomas de depresión.

PROZAC

El principio activo del Prozac es la fluoxetina, una sustancia que pertenece al grupo de inhibidores selectivos de la recaptación de serotonina. Esta actúa bloqueando la recaptación de serotonina en las sinapsis neuronales, lo que aumenta los niveles de este neurotransmisor en el espacio sináptico, influyendo así en el estado de ánimo.

Mediante señales eléctricas y químicas, el impulso eléctrico se propaga de unas neuronas a otras y se expande por el cerebro formando constelaciones cerebrales que cifran nuestra vida mental. Toda nuestra vida mental. Piensa que tenemos alrededor de ochenta y seis mil millones de neuronas, un número tan grande que cuesta darle sentido. En un libro infantil que le leí a mi hija (*El cerebro humano*, del doctor Pablo Barrecheguren e ilustrado por Isa Loureiro) se decía: «Si contaras una [neurona] por segundo, tardarías algo más de dos mil setecientos años en contarlas todas». Es decir, que si hubiésemos empezado a contar las neuronas de nuestro cerebro en el año 676 a. C., estaríamos a punto de acabar nuestra ardua tarea. ¡Y esto solo con las neuronas! Cada una recibe información de miles de neuronas y la envía a otros miles. Se estima que en el cerebro humano existen unos cien trillones de conexiones, así que imagina la cantidad de años que tardaríamos en contarlas todas. Imagínate también cuántas constelaciones, combinaciones y patrones de activación cerebral podemos conseguir. Tantos como estados mentales.

4. El origen del impulso eléctrico

Fue en primero de carrera, en la clase de Psicología Fisiológica, cuando me explicaron por primera vez qué es un potencial de acción y cómo se propaga por el cerebro saltando de neurona en neurona gracias a los neurotransmisores. En ese momento aprendí que nuestra mente, nuestro cerebro, no es más que descargas eléctricas neuronales.

Estaba tan fascinada con lo que me estaban contando que no había espacio para preguntas, quería seguir escuchando. Pero al acabar la clase me asaltó la siguiente duda: ¿de dónde proceden originalmente las descargas eléctricas? ¿Las generan las neuronas de forma espontánea? Pues bien, algunos impulsos eléctricos proceden del sistema sensorial, pero la gran mayoría, sí, se generan de forma espontánea.

Las que vienen del sistema sensorial se producen en nuestros ojos, lengua, nariz, oídos, piel, músculos, articulaciones y órganos internos. En estas partes de nuestro cuerpo tenemos receptores sensoriales que captan y traducen la información al lenguaje de las neuronas, los impulsos eléctricos. En la retina, por ejemplo, tenemos fotorreceptores —los famosos conos y bastones—, que no son más que neuronas especializadas que convierten la luz en señales eléctricas. «¡He aquí el origen del impulso eléctrico!», pensé.

Tomemos como ejemplo lo que ocurre en tu cerebro mientras lees estas líneas. Los fotorreceptores de tu retina transforman la luz en señales eléctricas que viajan por el nervio óptico hasta una parte del cerebro llamada tálamo. Podemos visualizar el tálamo como una sede central que distribuye información al resto del cerebro. En el caso de la visión, de lo que estás leyendo, el nervio óptico deposita la información en el «departamento visual» de esta sede llamado núcleo geniculado lateral del tálamo. Las neuronas de dicho núcleo envían entonces la señal eléctrica a través de sus axones por dos rutas diferentes: la inconsciente y la consciente. La más rápida es la primera.

A través de la ruta inconsciente, el tálamo envía información a una serie de regiones subcorticales —reciben este nombre porque están debajo de la corteza cerebral— capaces de incidir en nuestro cuerpo modificando, por ejemplo, los niveles de cortisol, la respuesta cardiaca y respiratoria o la tensión muscular, entre otros. En otras palabras, esta ruta repercute en el componente fisiológico que acompaña a nuestras emociones y prepara nuestro cuerpo para reaccionar sin ni siquiera ser consciente de a qué reaccionamos o por qué.

Desde el tálamo, otro grupo de axones parte hacia la corteza cerebral, desde donde sí podemos ser conscientes de lo que nuestros sentidos captan. En concreto, en este caso, la información visual se dirige a una parte de la corteza llamada lóbulo occipital, situada en la parte posterior de tu cabeza, que la desgrana y la procesa en pequeñas porciones. Primero, en la corteza visual primaria, donde el patrón de activación neuronal prácticamente calca lo que se proyecta en tu retina. Si en ese momento estás leyendo la palabra «cerebro», el patrón será un calco de esa palabra a escala neuronal. Después, la información se transmite a las cortezas visuales secundarias, donde otras neuronas especializadas procesan aspectos específicos de la imagen, como el color de la tinta con la que está escrita la palabra o la textura del papel. Una vez tenemos los diferentes componentes de la información visual procesados de forma individual, el impulso eléctrico viaja a las cortezas de asociación. En tus áreas de asociación cerebral integras de nuevo toda esa información desgranada para percibir que estás leyendo la palabra «cerebro» en un libro, la asocies al sonido 'θe 're βro' y des sentido al concepto «cerebro» evocando toda la información que tienes sobre este órgano y creando expectativas sobre lo que leerás en las siguientes líneas. Es decir, en las áreas de asociación la información se integra y se percibe, se unifica con el resto de información sensorial procedente de otras modalidades, se interpreta y se complementa en función de experiencias pasadas y expectativas, y se tiñe del tono emocional que despierta la respuesta fisiológica producto de las conexiones subcorticales inconscientes. Si, por ejemplo, alguien cercano ha sufrido recientemente algún accidente cerebral, antes de que seas consciente, la palabra «cerebro» captada por las regiones subcorticales generará una respuesta fisiológica de malestar que también participará en la percepción final. Todo esto sucede en menos de medio segundo y con el objetivo de ayudarnos a predecir y guiar nuestras acciones futuras.

Más o menos así me lo contaron en la carrera, pero la realidad es que el proceso no es tan lineal ni tan compartimentado. La información no siempre fluye de lo básico a lo complejo. El contexto y las expectativas generadas a partir de experiencias previas y aprendizajes y su influencia tanto consciente como inconsciente pueden engañar a los sentidos. Un ejemplo simple de estos engaños procede de las ilusiones ópticas.

LA LATA DE COCA-COLA

Una de mis ilusiones ópticas favoritas es la de una imagen creada por el profesor de psicología Akiyoshi Kitaoka, de la

Universidad Ritsumeikan, en Kioto, en la que aparece una lata de Coca-Cola. Se trata de una ilusión óptica en la que nuestro cerebro interpreta que la lata de Coca-Cola es de color rojo. Pero si aumentamos la imagen a escala del píxel, vemos que el color rojo es solo producto de nuestra mente. No hay nada rojo en la lata, solo rayas negras, blancas y azules. Y a pesar de saber que el rojo no existe, no podemos dejar de verlo.

A menudo el cerebro nos engaña para ayudarnos a dar sentido a las cosas, para que veamos el mundo como esperamos que sea, sobreestimando su previsibilidad y nuestra sensación de control. En ocasiones, buscamos justificaciones racionales que nos ayuden a dar sentido a una respuesta fisiológica producto de la activación subcortical inconsciente. Os pondré un ejemplo que dio una compañera de clase en la carrera sobre su propio caso. Según explicó, había pasado años diciendo que era alérgica a los gatos, pese a no tener diagnóstico, porque cada vez que estaba cerca de ellos «se ponía mala». Sin embargo, cuando se hizo las pruebas de alergia, salieron negativas. Más tarde, su madre le contó que de pequeña el gato de sus abuelos le había arañado de forma bastante aparatosa el labio y que eso generó una gran discusión familiar. Esa información, que había permanecido en el inconsciente, junto con lo aprendido en la carrera, le permitió reinterpretar lo que le sucedía cada vez que estaba cerca de un gato. Probablemente, su malestar corporal era producto de una respuesta emocional inconsciente condicionada por una experiencia pasada.

Tendemos a vernos como seres racionales con emociones, pero a menudo actuamos como seres emocionales que recurren a la razón para justificarse. Como dijo el neurocientífico António Damásio, «las emociones están enmarañadas en las redes neuronales de la razón».

Pero volvamos al origen de los impulsos eléctricos. Está claro que parte de ellos proceden de los receptores sensoriales, pero el cerebro no se apaga como un ordenador cuando no percibimos nada, ni siquiera cuando dormimos. El cerebro está siempre funcionando gracias a la actividad neuronal espontánea. Las propias neuronas generan de forma natural potenciales de acción que se propagan al resto del cerebro mediante impulsos eléctricos y conexiones sinápticas. Esos potenciales de acción tienden a sincronizarse creando patrones de actividad que llamamos oscilaciones neuronales.

En su libro *Neurociencia del cuerpo*, mi admirada colega neurocientífica Nazareth Castellanos lo ejemplifica muy bellamente equiparando los impulsos eléctricos de las neuronas con los destellos luminosos de las luciérnagas. Como ella misma explica, estos insectos tienen la capacidad de generar luz en su abdomen gracias a una enzima llamada luciferasa. Eventualmente, los destellos de luz de las diferentes luciérnagas se sincronizan; aparecen entonces grupos de luciérnagas que emiten luz de forma rítmica. Algunos de los ritmos encajan mejor con coreografías rápidas y otros con coreografías más lentas.

En el cerebro, los patrones de actividad eléctrica también forman distintos ritmos, algunos prevalecen durante el sueño, otros en la vigilia y se asocian a determinados estados mentales. Todos ellos conviven de fondo con la información procedente de los sentidos. De hecho, los patrones de activación que suceden de forma espontánea, es decir, que no están vinculados a estimulación sensorial, representan la mayor parte de la actividad eléctrica cerebral.

5. Las otras mariposas

Las neuronas no son las únicas células cerebrales, ni mucho menos. Estas conviven con otras poblaciones celulares, entre ellas las células gliales. Según mediciones actuales, en el cerebro hay tantas células gliales como neuronas.

NEURONAS Y CÉLULAS GLIALES

En la historia de la neurociencia se ha debatido extensamente sobre la relación entre el número de neuronas y el número de células gliales. Las investigaciones actuales realizadas por la investigadora Suzana Herculano indican que, *grosso modo*, tenemos tantas células gliales como neuronas, pero que esta relación varía a lo largo de la vida y en función de la región cerebral que se estudie.

Glía, que significa 'pegamento' o 'cosa que une', fue el nombre con el que se bautizó a estas células cerebrales que residen entre las neuronas. Durante muchos años las células gliales se consideraban eso, pegamento. Se creía que su única aportación al sistema nervioso y a la mente humana era dar consistencia al cerebro uniendo las neuronas entre sí. Volviendo a la metáfora de las mariposas de Ramón y Cajal, podríamos decir que las células gliales encajaban más con el estatus de polilla que con el de mariposa. Ahora sabemos que la glía es mucho más que eso.

Si las neuronas fueron las mariposas de Ramón y Cajal, las células gliales fueron las mariposas de otro fantástico neurocientífico español, Pío del Río Hortega. Este coetáneo de Cajal diferenció tres subtipos de células gliales: los astrocitos, los oligodendrocitos y la microglía. Estas últimas llamaron especialmente su atención, pues eran muy diferentes al resto de células del cerebro. Hoy sabemos que Pío del Río Hortega estaba en lo cierto y que la microglía es la célula inmunitaria del cerebro. Sabemos también que juegan un papel muy relevante en los procesos de plasticidad cerebral, esculpiendo y moldeando las conexiones sinápticas y la forma de las neuronas. Son, además, las únicas células cerebrales que no derivan del ectodermo, sino de otra estructura embrionaria llamada membrana vitelina. De momento, quédate con el nombre de microglía, porque lo retomaremos más adelante.

FUNCIÓN GENERAL DE LA GLÍA

Microglía. Se consideran las células inmunitarias del sistema nervioso. Están implicadas en procesos de reparación, remodelación y eliminación tanto de conexiones sinápticas como de neuronas.

Astrocitos. Proporcionan apoyo y alimento a las neuronas y regulan el entorno químico del cerebro interviniendo en la transmisión del potencial de acción entre neuronas. Además, junto con la microglía, desempeñan un papel importante en la reparación del tejido cerebral.

Oligodendrocitos. Se encargan de producir mielina, una sustancia grasa y blanca que aísla y acelera la transmisión de señales nerviosas a lo largo de los axones.

Pese a la contribución del doctor Río Hortega a la neurociencia moderna, este gran científico solo tuvo el honor de dar nombre a algunas de las calles de nuestro país, pero no recibió ningún premio Nobel. Y apuesto a que en todos estos descubrimientos de los que te he hablado también participaron mujeres que hoy ni nombran calles, como las que trabajaron en el laboratorio de Ramón y Cajal.

De hecho, me apetece contarte una anécdota personal de una de ellas, Manuela Serra (1901-1988), una joven que trabajó en el laboratorio de Ramón y Cajal durante casi una década.

La anécdota empieza con una confesión. Te confieso que empecé la carrera de Psicología por descarte; en realidad, yo quería estudiar Bellas Artes, pero no aprobé el examen de acceso. Luego, por suerte para mi autoestima artística, me enteré de que la gente suele prepararse durante años para ese examen. Y yo, que no había tocado en mi vida la pintura al óleo, nunca había tomado clases de dibujo y ni siquiera había estudiado la rama de bachillerato artístico, me presenté allí, sin más. Obviamente, fue un desastre. Así que empecé Psicología, pero con la idea de, algún día, estudiar Bellas Artes.

Pero la carrera de Psicología me atrapó, me fascinó desde el primer año. Después llegó el doctorado, luego el posdoctorado en la Universidad de Harvard y más tarde la creación de mi grupo de investigación y el surgimiento de mi nuevo yo como madre. Como te puedes imaginar, no había tiempo para la pintura.

Entonces llegó la pandemia y volví a dibujar. Al principio, para entretener a mi hija, que por aquel entonces tenía cuatro años, en esos días infinitos y semanas fugaces. Después por mí, por mi propia salud mental. Me reconcilié con la pintura hasta el punto de que ahora no concibo la vida sin ella. Empecé a recibir clases y a pintar por mi cuenta.

¿Y qué tiene esto que ver con Manuela Serra?, te preguntarás. Pues hace un par de años, leyendo sobre las mujeres que trabajaron en el laboratorio de Santiago Ramón y Cajal, me fascinó su historia. Manuela se unió al Laboratorio de Investigaciones Biológicas de Ramón y Cajal con tan solo diecisiete años. No había recibido formación universitaria, pero su destreza la llevó a liderar alguno de los artículos científicos que salieron del grupo. Como era costumbre en la época, a los pocos años, Manuela Serra se casó y dejó la ciencia. Para mí, en ella se materializaban todas esas mujeres que muy probablemente habían contribuido a la neurociencia actual y que injustamente habían pasado desapercibidas. Así que me apeteció pintarla. Pinté a Manuela Serra como no aparecía en ninguna foto pero necesariamente había estado: delante de un microscopio, tomando anotaciones para su publicación. No fue mi mejor obra, pero sí la que tuvo el mejor destino. Cuando la terminé, me puse a investigar si alguno de los hijos de Manuela Serra seguía vivo y, gracias a una investigadora de la Universidad Complutense de Madrid llamada Elena Giné Domínguez, encontré al único que aún no había fallecido, un señor mayor de unos ochenta años y delicada salud. Quedé con él por teléfono y fui a visitarlo para regalarle el retrato de su madre. Cuando se lo di, los dos llevábamos mascarilla; él fue el primero al que se le humedecieron los ojos.

Hace unos días, la nieta de Manuela Serra me contó que, desde entonces, el retrato de su abuela con el microscopio preside el salón de la casa familiar, y ese, para mí, es el verdadero regalo.

6. De las células cerebrales a la sustancia gris y la sustancia blanca

Entre la maraña de conexiones neuronales existe cierta organización. Los centros de control (cuerpos celulares) y los cables que salen de ellos (axones) no están dispersos de forma aleatoria y homogénea por todo el cerebro, están ordenados. Imaginémonos una sala llena de aparatos electrónicos conectados por cable. Sería muy difícil orientarnos en la sala si los aparatos estuvieran dispuestos de cualquier modo y las conexiones entre ellos entrelazadas unas con otras. Sin embargo, si los aparatos se ubican en regiones concretas de la sala y los cables largos que conectan unos aparatos con otros se envuelven y agrupan, tendremos una visión algo más clara de lo que hay. Afortunadamente, la anatomía de nuestro cerebro sigue un orden parecido.

Los cuerpos celulares se concentran en áreas específicas y los axones se agrupan formando fajos, llamados tractos axonales, que conectan regiones distantes. Gracias a esta organización, cuando miramos un cerebro sin mediación de un microscopio, podemos identificar claramente dos tipos de tejidos o sustancias principales: la sustancia gris y la sustancia blanca. Por lo general, en la sustancia gris encontramos el cuerpo de las neuronas con sus dendritas y la microglía, mientras que en la sustancia blanca están los axones y los oligodendrocitos que los envuelven.

¿Y LOS ASTROCITOS?

Estas células cerebrales se distribuyen entre dos tipos de sustancias. Los astrocitos llamados protoplasmáticos se encuentran principalmente en la sustancia gris y los llamados fibrosos se localizan en la sustancia blanca.

Decíamos que la sustancia gris se concentra en áreas específicas del cerebro; una de las principales es la corteza cerebral. Si cierras los ojos y te imaginas un cerebro, probablemente lo que visualices sea la corteza cerebral. Se trata de un manto de cuerpos celulares que se arruga y se pliega para ocupar menos espacio e incluir el máximo número de células cerebrales en la limitada cavidad craneal. Son estas arrugas o pliegues los que le dan su famosa apariencia de nuez. Los pliegues principales, que en realidad se llaman giros (o circunvoluciones) y surcos (o cisuras), han servido a los anatomistas para parcelar la corteza cerebral en los distintos lóbulos cerebrales (frontal, parietal, temporal y occipital), así como en secciones más pequeñas dentro de cada uno de ellos (por ejemplo, el giro frontal superior).

Otra de las áreas en las que se concentran los cuerpos celulares son las estructuras subcorticales. Como ya hemos comentado, reciben este nombre porque están debajo de la corteza, en la parte más profunda del cerebro. Allí se localizan regiones como el tálamo, el hipotálamo, la amígdala, el hipocampo o el núcleo accumbens, cuyas funciones principales repasaremos en este mismo capítulo. Entre la corteza cerebral y las áreas subcorticales observamos grandes haces de axones, de sustancia blanca, que las conectan para que trabajen de forma coordinada.

7. De las lesiones cerebrales a las técnicas de neuroimagen

Los cimientos de la neurociencia moderna se construyeron sobre observaciones microscópicas y sobre estudios de pacientes con lesiones cerebrales que perdían la visión o el habla pese a mantener intactos los ojos o las cuerdas vocales. Fue el caso, por ejemplo, del paciente GY del doctor Gordon Holmes, quien en 1918 se quedó ciego tras recibir un disparo en el lóbulo occipital, aunque conservaba sus ojos en perfecto estado. O el famoso caso Tan del doctor Paul Broca, en el que el paciente sufría una lesión cerebral en la actual área de Broca que solo le permitía pronunciar el sonido «tan». Y, cómo no, el caso, más famoso si cabe, de Phineas Gage, quien, tras una lesión en una parte del cerebro llamada corteza prefrontal medial, cambió radicalmente de personalidad. Acuérdate del nombre de esta última región, porque es una de las que más cambia con el embarazo.

Sobre la base de estos y otros casos de lesiones, los científicos fueron creando mapas que asociaban regiones cerebrales específicas a procesos mentales concretos. Se hablaba entonces del hemisferio creativo (el derecho) y del lógico (el izquierdo) o de los cuatro lóbulos cerebrales, que se percibían casi como contenedores herméticos de determinados procesos mentales.

Con la llegada de las técnicas de neuroimagen, nuestros conocimientos sobre la función cerebral han experimentado importantes avances y perfeccionamientos. Gracias a la resonancia magnética, por ejemplo, podemos estudiar la anatomía del cerebro, la integridad de sus conexiones axonales e incluso su funcionamiento.

Con la resonancia magnética podemos medir la sustancia gris y la sustancia blanca y cuantificar si son diferentes entre distintos grupos de personas o, incluso, como en nuestros estudios, ver cómo evolucionan a lo largo del tiempo. Cuando procesamos las imágenes de las resonancias magnéticas de las mujeres que participan en nuestros estudios, podemos observar cómo la sustancia gris y la sustancia blanca cambian durante el embarazo y el posparto, y también en función del tipo de parto. Me asaltan las ganas de contarte algunas cosas, pero no nos adelantemos. Necesito que te quedes conmigo un poquito más para que no caigamos en interpretaciones erróneas, como las que en ocasiones han hecho la prensa o algunos divulgadores, sobre nuestros hallazgos.

La técnica de la resonancia magnética también nos permite ver qué regiones se activan cuando una persona realiza una tarea determinada. Se trata de una modalidad a la que llamamos resonancia magnética funcional y que nos muestra, por ejemplo, qué pasa en el cerebro cuando las madres ven fotos de sus bebés. También podemos ver qué regiones se activan cuando a una persona le mostramos imágenes amenazantes o qué ocurre en su cerebro cuando siente dolor. Podemos incluso ver qué hace el cerebro por defecto cuando le pedimos a una persona que no haga nada.

En definitiva, con conocimientos de psicología, neuroimagen y un poquito de imaginación, podemos diseñar escenarios que nos permitan estudiar, mediante resonancias magnéticas, casi todos los procesos mentales. ¡Existen incluso estudios que analizan cómo se activa el cerebro cuando las personas tienen orgasmos!

8. Las funciones de las mariposas

El cerebro está lleno de sorpresas y conocerlo nos ayuda a comprendernos fuera y dentro de la maternidad. Me encantaría hablarte de las múltiples redes y regiones cerebrales que lo constituyen, pero no tendría tiempo de escribirlo ni tú de leerlo, así que me centraré en las regiones subcorticales y en las redes cerebrales corticales que retomaremos más adelante cuando hablemos del cerebro maternal. Para facilitar la lectura, en ocasiones hablaré de regiones concretas con funciones específicas; sin embargo, debes saber que se trata de una simplificación. Las regiones cerebrales no funcionan de forma aislada, sino que están conectadas las unas con las otras formando circuitos. Ten en cuenta también que rara vez una región realiza una única función. Las diferentes partes de nuestro cerebro pueden participar en varias funciones dependiendo de con qué otras partes estén conectadas en ese momento. Empecemos por las regiones subcorticales (figura 3).

LAS MARIPOSAS DE LA PARTE MÁS PROFUNDA DE NUESTRO CEREBRO: LAS REGIONES SUBCORTICALES

Al primero que quiero presentarte es al hipotálamo. El hipotálamo detecta y regula aspectos esenciales para nuestra supervivencia como son el hambre, la sed, la temperatura corporal y el sueño. A menudo, se compara esta estructura con el sistema de domótica de una vivienda inteligente, esa tecnología que tienen algunas casas modernas que se encarga de ajustar automáticamente la calefacción, el aire acondicionado, la seguridad de la vivienda o la iluminación. Como si de un sistema domótico se tratase, el hipotálamo detecta si tenemos hambre, sed, frío o sueño y genera señales de desajustes internos para que tomemos medidas que nos permitan volver al equilibrio, a la homeostasis que necesitamos para mantenernos vivos.

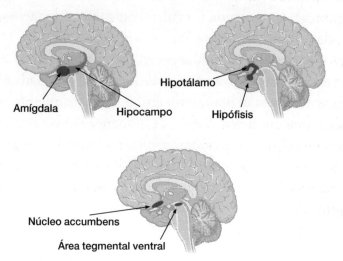

Figura 3: Principales regiones subcorticales implicadas en el cerebro maternal.

La comunicación entre el hipotálamo y el resto del cuerpo se realiza principalmente de dos maneras. Una, interactuando de forma directa con el sistema nervioso autónomo, que controla funciones como el ritmo cardiaco o la respiración. Otra, regulando la liberación de hormonas, que viajan por el torrente sanguíneo modificando el funcionamiento de distintos órganos corporales. Para esto último, el hipotálamo trabaja estrechamente con una estructura vecina llamada hipófisis o glándula pituitaria; juntos ejercen de centro de control hormonal del cerebro. Por ejemplo, en el hipotálamo se sintetiza la famosa hormona oxitocina que se libera a la periferia mediante la glándula pituitaria para controlar las contracciones uterinas durante el parto o la eyección de leche durante la lactancia. El hipotálamo también puede liberarla directamente al interior del cerebro, donde esta molécula actúa como neurotransmisor regulando el afecto, el vínculo, la confianza o la empatía.

Los estudios en roedores demuestran que ciertas partes del hipotálamo, en concreto una región llamada área preóptica medial, también regulan el apareamiento y el cuidado maternal. Aunque los humanos somos reacios a pensar que estas funciones puedan recaer en regiones tan «básicas» como el hipotálamo, lo cierto es que, en parte, es así. Veremos los detalles más adelante. Por el momento, quédate con la idea de que esta estructura regula funciones básicas para la supervivencia del individuo y juega un papel clave para la supervivencia de la especie, regulando la conducta sexual y maternal.

Hablemos ahora de la amígdala, una estructura con forma de almendra que señala la intensidad emocional. Si el hipotálamo es la domótica de la casa, la amígdala es la alarma de seguridad; nos alerta ante estímulos muy intensos, como los que nos indican la presencia de un peligro potencial. La amígdala es capaz de detectar el peligro incluso aún sin ser conscientes de que existe. Antes de que la información sensorial llegue a la corteza, la amígdala ya ha señalizado el potencial peligro y ha informado al hipotálamo para que ponga en marcha la respuesta fisiológica. La próxima vez que tras un sobresalto infundado te justifiques con un «ay, creía que era…», piensa que ese susto lo ha desencadenado tu amígdala antes de que la corteza recibiese la información y pudieses procesarla de forma consciente.

Popularmente, se dice que la activación de la amígdala nos prepara para las tres efes (en inglés): *fight, flight or freeze*, que viene a ser algo así como prepararnos para luchar contra el peligro, huir de él o, la menos ventajosa de todas las opciones, quedarnos petrificadas, congeladas. Pero no todo lo que señaliza la amígdala es peligro. En realidad, su labor es detectar estímulos con elevada intensidad emocional. Seguro que recuerdas alguna ocasión en la que, ante una sorpresa agradable demasiado intensa, tu cuerpo reaccionó con alguna de las tres efes, muy probablemente con una de las dos últimas: huiste o te quedaste congelada. Dependiendo del tono emocional, agradable o desagradable, se activa una parte u otra de la amígdala y nuestra reacción es ligeramente diferente. Por ejemplo, si se activa el núcleo central que proyecta a una región llamada sustancia gris periacueductal, lo más probable es que el estímulo sea percibido como altamente desagradable y predomine la primera de las respuestas, la de luchar contra él.

La amígdala también juega un papel clave en la memoria, pues potencia el grabado de recuerdos de momentos de gran intensidad emocional, como el parto. Sin embargo, cuando esa intensidad es demasiado elevada, la sobreactivación de esta estructura produce el efecto inverso y nos impide grabar o evocar lo sucedido. Este es el motivo por el que algunas personas no recuerdan lo ocurrido durante una situación traumática o muy estresante. Esto recibe el nombre de amnesia disociativa.

En resumen, la amígdala señaliza los estímulos con gran intensidad emocional y hace que nuestro cuerpo y nuestra memoria reaccionen en consecuencia. Como veremos más adelante, es una de las regiones que más se activan en el cerebro de las madres cuando ven imágenes de sus bebés.

Uno de sus principales compañeros es el hipocampo. La amígdala añade la etiqueta emocional a nuestros recuerdos, pero es el hipocampo el que recopila y organiza la información para que sea almacenada, es decir, convierte la experiencia a un formato almacenable en la corteza: a constelaciones neuronales. Gracias al hipocampo podemos grabar en la memoria lo que vivimos.

El hipocampo es una de las estructuras cerebrales que más atención cinematográfica ha recibido, con películas como *Memento* o *50 primeras citas*. En ellas, los protagonistas tienen el hipocampo dañado, por lo que son incapaces de crear memoria a partir de sus experiencias vitales, lo que trunca la actualización de su identidad y sus objetivos. Estos casos se inspiraron en un famoso paciente llamado Henry Molaison, al cual tuvieron que extirpar los dos hipocampos para tratar sus graves crisis epilépticas. Como secuela de la intervención, Henry Molaison no pudo generar nuevos recuerdos y amanecía siempre en el mismo día, el día después de la resección de los hipocampos.

EL CABALLITO DE MAR

El hipocampo, que toma su nombre del caballito de mar (género *Hippocampus*) por su apariencia, no suele considerarse una región cortical, pero, siendo estrictos, sí lo es. Forma parte de un tipo de corteza cerebral muy antigua, fi-

---

logenéticamente hablando, al que llamamos archicorteza. En humanos es la única parte del cerebro en la que se ha demostrado la neurogénesis, es decir, la creación de nuevas neuronas.

Llegamos al dúo de regiones más placentero, el núcleo accumbens y su compañera principal, el área tegmental ventral. El accumbens y el área tegmental ventral son dos de las regiones centrales del famoso circuito mesolímbico dopaminérgico. Este circuito es como el Eros de nuestra Psique. Se activa cuando sentimos y buscamos el placer. La próxima vez que practiques tu afición favorita, degustes tu comida predilecta o mires a los ojos a un ser amado, recuerda que son las neuronas dopaminérgicas que comunican el área tegmental ventral con el núcleo accumbens las que están codificando esa sensación de placer que te invade. ¿Recuerdas que te dije que hay estudios que analizan qué regiones se activan durante un orgasmo? Pues, efectivamente, el núcleo accumbens es una de ellas.

Antes se creía que esta región cerebral se activaba solo cuando sentíamos placer, pero con los años se ha demostrado que algunas neuronas del núcleo accumbens responden a la motivación en ausencia de él. Es decir, también se activan cuando sentimos la necesidad imperiosa de actuar, de dirigir nuestros recursos mentales y físicos a un objetivo concreto. Se trata de una sutil diferencia, como la que existe entre el deseo y el placer. El deseo nos incita a actuar y el placer puede llegar o no tras nuestras acciones. Hoy en día, se cree que la sobreactivación no regulada de este circuito mesolímbico dopaminérgico es la que genera y sustenta las conductas adictivas, desde las adicciones con componentes claramente fisiológicos, como la adicción a la nicotina, hasta las más psicológicas, como la adicción al móvil o la ludopatía.

Cada una de las estructuras de las que he hablado existe por duplicado: tenemos una en el hemisferio derecho y otra en el hemisferio izquierdo, con ligeras diferencias funcionales entre ellas que no vienen ahora al caso. Lo que sí es importante remarcar es que tanto la amígdala, como el hipocampo y el núcleo accumbens conectan con el hipotálamo, que, como hemos visto, está en estrecha comunicación con el resto de nuestro cuerpo. Además, todas ellas reciben información de la corteza cerebral, lo que permite la influencia mutua entre regiones básicas para la supervivencia (cuya actividad suele permanecer en el terreno del inconsciente) y otras que sustentan aspectos socioculturales propios de nuestra especie.

EL MANTO DE MARIPOSAS: LA CORTEZA CEREBRAL

Los humanos no somos los mamíferos con el cerebro más grande, ni tampoco los que tenemos mayor proporción cerebral respecto al tamaño corporal. Ni siquiera somos los que tenemos una mayor superficie de corteza cerebral, pero sí los que tenemos el mayor número de células en ella. Se considera que es ahí, en esas entramadas conexiones neuronales y rápidamente adaptables de la corteza, donde residen los procesos más típicamente humanos.

Me refiero, por ejemplo, a la autoconsciencia con la que reflexionamos y justificamos nuestras acciones, o a los procesos mentales que nos conectan con los demás y permiten acumular y transmitir conocimientos de generación en generación dando lugar a la cultura.

En la corteza cerebral encontramos regiones especializadas en procesar la información de cada una de las modalidades sensoriales. Hemos visto un ejemplo de cómo tu cerebro procesa la información visual mientras lees este libro. También existen áreas corticales que controlan los movimientos voluntarios e inician, planifican y ejecutan órdenes motoras que nos permiten movernos de forma coordinada y precisa, así como otras implicadas en el procesamiento emocional: la regiones límbicas. Sin embargo, la mayor parte de la corteza cerebral está dedicada a lo que llamamos áreas de asociación multimodal, que sustentan procesos cognitivos como la atención o las llamadas funciones de alto rango.

Atención. La atención es la capacidad de nuestro cerebro de dar prioridad a determinados estímulos enviando el resto a un segundo plano. Estos estímulos pueden proceder del mundo exterior, por ejemplo, estímulos visuales o auditivos, o del interior, por ejemplo, los pensamientos o las emociones.

Podemos controlar nuestra atención de forma voluntaria y dirigirla a alcanzar objetivos concretos. En tal caso, seleccionamos de forma consciente los estímulos a procesar y trabajamos activamente para ignorar posibles distractores que puedan desviarnos de nuestro fin. Este tipo de atención requiere de la activación de un conjunto de regiones corticales llamadas red atencional dorsal. Gracias a esta red, puedes prestar atención a lo que estás leyendo ahora a la vez que luchas por ignorar, por ejemplo, sonidos del exterior o pensamientos sobre lo que tienes que hacer más tarde. Sin embargo, sabemos que cuando uno de esos distractores potenciales es lo bastante intenso y relevante, nuestro cerebro reasigna automáticamente nuestros recursos mentales y lo sitúa en el primer plano de nuestra atención. Este tipo de atención guiada por estímulos relevantes recae en otras partes de la corteza cerebral, en concreto, en un conjunto de regiones corticales llamadas red atencional ventral. Son zonas de la corteza que reciben información de las estructuras subcorticales encargadas del procesamiento de las emociones y de las sensaciones físicas que proceden de nuestro cuerpo, esas regiones de las que te he hablado en la sección anterior. Así, cuando los estímulos internos o externos tienen una elevada carga emocional y visceral, el cerebro les otorga prioridad de forma automática. Imagínate que caminas por la calle mientras hablas por teléfono con una amiga. Tienes todos tus recursos atencionales puestos en esa conversación, pero, si de repente escuchas el chirriar de las ruedas por un frenazo muy cerca de ti, inmediatamente tu llamada telefónica pasa a un segundo plano atencional para dar prioridad a lo que tu cuerpo y tu cerebro consideran más relevante para tu supervivencia en ese instante. Llevando esto al terreno de la maternidad, gracias a esta red cerebral nuestro bebé es capaz de secuestrar nuestra atención y redirigir nuestros recursos mentales.

LOS PASES DEL EQUIPO BLANCO

Uno de los ejemplos más claros sobre la necesidad de equilibrio entre seleccionar e ignorar estímulos es el paradigma creado por Christopher Chabris y Daniel Simons, profesores de psicología en la Universidad de Harvard. En él se pide a los participantes que cuenten el número de pases que se hacen los jugadores de baloncesto que visten de blanco. No puedo desvelarte más para no destripar el efecto, pero te animo a realizar la prueba. Puedes encontrar el vídeo en la web bajo el título de «Test your awareness. Basketball». Si la red atencional dorsal de tu cerebro funciona correctamente, habrás sido capaz de concentrarte en contar los pases; habrás seleccionado al equipo blanco como foco de tu atención e ignorado los estímulos de los personajes de negro.

Funciones de alto rango. En la parte más alta de la jerarquía cognitiva están las llamadas redes funcionales de alto rango: la red ejecutiva y la red por defecto. Podríamos decir que es en estas redes y en sus conexiones con el resto del cerebro donde se sustentan los procesos más sofisticados del ser humano. Aún se discute si la esencia sobre la que se desarrollan algunos de estos procesos es exclusiva de los humanos o si está presente también en otros mamíferos. Sin embargo, sí hay consenso en cuanto a que en humanos se manifiestan de forma más compleja, flexible e intensa.

Empecemos por la red ejecutiva. Esta red, también llamada frontoparietal, se activa cada vez que hacemos esfuerzos cognitivos para procesar información y es la que deja de funcionar bien cuando estamos cansados a nivel mental. La componen un conjunto de regiones ampliamente conectadas con el resto del cerebro. Como si de un controlador de vías se tratase, estas regiones dirigen el flujo de información, facilitando el paso por ciertas vías y dificultándolo por otras. En otras palabras, controlan de forma consciente y con esfuerzo qué constelaciones neuronales se presentan en nuestra mente y cuáles no, qué rutas hay que poner en marcha y cuáles hay que inhibir. Esta capacidad de control nos permite trabajar con gran cantidad de información en la mente y utilizarla de forma flexible para planificar nuestras acciones. Es algo que hacemos constantemente: tenemos una lista de cosas que hacer en la cabeza e intentamos organizarlas para optimizar recursos y cumplir con nuestros objetivos u obligaciones, supervisándolas y adaptándolas si las circunstancias lo requieren.

Te pondré un ejemplo que me ocurrió hace poco. En menos de dos horas tenía que ir a buscar a mi hija al colegio, hacer la compra para la cena, recoger un paquete en Correos, acudir a una cita médica y asegurarme de que mi pareja, que había perdido las llaves, pudiera entrar en casa. Guiado por las funciones ejecutivas de organización, mi discurso mental fue el siguiente: «Como tengo que pasar por el supermercado de camino al colegio de mi hija, aprovecharé para comprar la cena antes de recogerla. Después, de camino a casa, tomaré la ruta larga y así paso por Correos y recojo el paquete. Luego dejo el paquete y la compra en casa y voy con mi hija al médico. Cuando salga de casa, tengo que dejarle las llaves al portero para que mi pareja pueda abrir la puerta mientras yo estoy fuera». Para poder planificar todo esto, tuve que recurrir a mis funciones ejecutivas.

Gracias a mis funciones ejecutivas, también pude inhibir respuestas automáticas. Por ejemplo, en este caso, aunque siempre iba del colegio a casa por la ruta más corta, esta vez debía controlar mi automatismo e ir por la ruta larga; o aunque siempre me llevase las llaves, en esta ocasión debía acordarme de dejárselas al portero. Si hubiese hecho falta, estas funciones también me habrían ayudado a supervisar y ajustar mi plan de acción y adaptarlo de forma flexible a los posibles imprevistos. Siguiendo con el ejemplo, me hubieran servido para pensar en una alternativa si el portero no hubiera estado en su puesto de trabajo o si hubiera una larga cola en Correos. Como hemos dicho, todas estas funciones requieren mucho esfuerzo mental, por eso son de las primeras que flaquean cuando estamos mentalmente cansados.

Al otro lado de la balanza y también ampliamente conectada con el resto del cerebro, está la red por defecto. En ella hallamos la corteza prefrontal medial, esa región que quedó hecha añicos en Phineas Gage, cambiando para siempre su personalidad. Esta red se activa automáticamente cuando le pedimos a alguien que no haga nada y le dejamos que navegue libremente en su mundo interior. La red por defecto se descubrió casi por accidente. Investigadores observaron que, en momentos de reposo entre tarea y tarea, al participante se le activaba por defecto y de forma consistente un conjunto de regiones de la línea media cerebral. Posteriormente, vieron que estas regiones se activaban aún más cuando se le pedía a la persona que reflexionase acerca de sí misma, recordase lo que le había pasado durante el día, pensase en lo que tenía que hacer dentro de un rato o infiriese el estado mental de otra persona. Esto es lo que solemos hacer los humanos cuando nuestra mente divaga: pensar en nosotros mismos y proyectar nuestro yo en diferentes escenarios que no tienen por qué existir.

Gracias a la red por defecto, podemos recrearnos con la lectura, proyectándonos en lugares que nunca hemos visitado o en personajes que ni siquiera existen, como los pobladores de la ciudad de Macondo en *Cien años de soledad* o los habitantes de la Comarca de *El Hobbit*. Este conjunto de regiones de la corteza cerebral posibilita que utilicemos nuestro yo como *proxy* para empatizar, para inferir los estados emocionales y mentales de otras personas, intentando descifrar sus intenciones o la reacción a nuestras acciones. Nos permite reflexionar acerca de quiénes somos y navegar por el complejo mundo de las normas sociales que no son directamente perceptibles a través de los sentidos. Y todo esto sin apenas realizar esfuerzos, por defecto. Como veremos, esta red, que juega un papel fundamental en la configuración del yo y en el intrincado tapiz de las interacciones humanas, es la que más cambia durante el embarazo y la maternidad.

Para que puedas visualizar la localización de las diferentes redes, te muestro la parcelación de la corteza según las redes funcionales, descritas por Thomas Yeo, de la Universidad de Singapur. Thomas describe siete redes principales: somatomotora, visual, límbica o emocional, atencional dorsal, atencional ventral, frontoparietal o ejecutiva y red por defecto (figura 4).

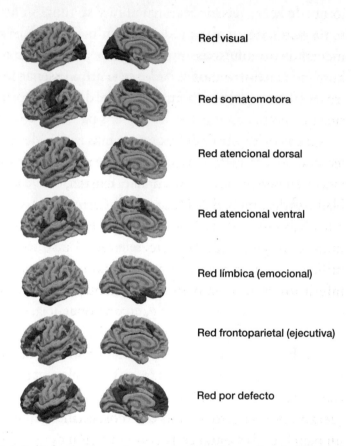

Red visual

Red somatomotora

Red atencional dorsal

Red atencional ventral

Red límbica (emocional)

Red frontoparietal (ejecutiva)

Red por defecto

Figura 4: Redes funcionales según la parcelación de Thomas Yeo *et al.* (*Journal of Neurophysiology*, 2011). Red visual: procesamiento de información visual; red somatomotora: procesamiento de información somatosensorial así como control y planificación motora; red atencional dorsal: tareas atencionales dirigidas por los objetivos; red atencional ventral: procesamiento atencional dirigido por los estímulos; red límbica: procesamiento emocional; red frontoparietal: funciones ejecutivas como la inhibición, la planificación o la memoria de trabajo; red por defecto: pensamiento interno e introspectivo, pensamientos autorreferenciales y cognición social.

9. ¿Cómo ha evolucionado nuestro cerebro?

Voy a contarte un secreto: el cerebro humano es un accidente de la evolución. Su estructura y su función no son el resultado de un plan predeterminado, sino de una serie de cambios evolutivos impulsados por la selección natural. Dicho de otro modo, nadie se sentó a diseñar lo que necesitábamos para ser humanos, nadie decidió incorporar a nuestra cabeza el núcleo accumbens para que nos «enamorásemos» de nuestros hijos nada más nacer y les cuidásemos, incrementando así consecuentemente las probabilidades de prosperar como especie. Eso nunca sucedió. El núcleo accumbens, como el resto de las regiones cerebrales de las que te he hablado, es la culminación de innumerables iteraciones de mutación, selección y adaptación. La selección natural favoreció la presencia de ciertas regiones cerebrales y capacidades mentales, ya que facilitaban la supervivencia del individuo y, en consecuencia, de la especie.

Además, el cerebro humano no es radicalmente diferente al de otras especies de mamíferos placentarios. En realidad, compartimos gran parte de las estructuras cerebrales, solo que en tamaños diferentes e interconectadas de forma distinta (figura 5).

Uno de los métodos que utilizan los científicos para inferir la evolución del cerebro humano a lo largo de la historia es comparar las variaciones de estas estructuras cerebrales de distintas especies. Con muchos matices que no viene ahora al caso puntualizar, y desde una perspectiva meramente divulgativa, podemos quedarnos con la idea de que en nuestro cerebro conviven regiones filogenéticamente más antiguas —también llamadas primitivas o ancestrales— con otras filogenéticamente más recientes. Es decir, tenemos regiones que han cambiado poco si las comparamos con las que observamos en el resto de los mamíferos, incluyendo los roedores, y otras que han cambiado mucho. Las áreas cerebrales más arcaicas y que aparecen más preservadas por lo general cumplen funciones más instintivas y «básicas» que podemos observar también en otros animales. Por su parte, las características cerebrales más típicamente humanas nos permiten sostener todos esos procesos que nos diferencian de los animales no humanos, entre los que destaca la capacidad para regular nuestros instintos e impulsos.

Veamos un ejemplo. Gran parte del cerebro de la rata está ocupado por el hipotálamo, una estructura que se considera filogenéticamente muy antigua o preservada y que, como hemos visto, está implicada en gestionar impulsos básicos para la supervivencia del individuo. En esta región hay núcleos que permiten a la rata identificar cuándo tiene hambre y cuando está saciada y actuar en consecuencia. Los humanos también tenemos esos mismos centros hipotalámicos que regulan el hambre y la saciedad, pero a ellos se añaden estructuras cerebrales más complejas, principalmente conexiones procedentes de ciertas partes de la corteza cerebral, que son capaces de avivar o atenuar el potencial eléctrico que emerge de los núcleos hipotalámicos. Son aspectos relacionados con el aprendizaje o con el contexto sociocultural que nos permiten a nosotros, los humanos, fomentar o apaciguar nuestros impulsos, lo que nos puede llevar, por ejemplo, a tomar la decisión de realizar una huelga de hambre para reivindicar nuestros derechos o nuestros ideales políticos y sociales.

Después veremos cómo en el cerebro maternal parece ocurrir algo muy parecido y el cuidado maternal está contextualizado dentro de un entorno histórico y sociocultural determinado. Entre el impulso y la acción actúa el conocimiento.

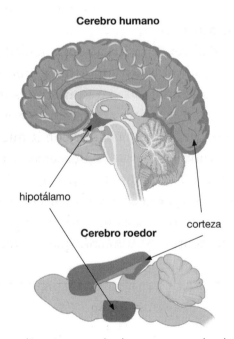

Figura 5: Comparación entre un cerebro humano y un cerebro de roedor. Existen importantes diferencias anatómicas y celulares entre el cerebro humano y el cerebro de un roedor. Una de las más evidentes, y observables a simple vista, es el mayor porcentaje de corteza cerebral en el cerebro humano en comparación con el de un roedor.

10. Las mariposas de plastilina

Una de las características más extraordinarias del cerebro es su capacidad para adaptarse. El cerebro no es rígido. Las células cerebrales están en constante cambio. No solo se comunican mediante impulsos eléctricos, sino que se mueven incesantemente buscando establecer nuevas conexiones y eliminar otras. Puesto que, como suele decirse, una imagen vale más que mil palabras, te animo a que lo veas con tus propios ojos reproduciendo alguno de los vídeos que puedes encontrar en internet buscando «*neurons under microscope*».[4]

La plasticidad cerebral o neuroplasticidad se define como la capacidad intrínseca del sistema nervioso para realizar cambios adaptativos en respuesta a estímulos internos y externos. El cerebro se adapta de varias formas, entre ellas, modificando la facilidad con la que se transmite la información a través de las neuronas, la forma y el número de dendritas o incluso el número de células cerebrales. Dichos cambios pueden activarse tanto por factores endógenos del propio organismo como por factores exógenos procedentes del ambiente que nos rodea.

PLASTICIDAD

El término «plasticidad» en el contexto de la neurociencia fue acuñado por primera vez por William James en su libro

---

4. <https://www.youtube.com/watch?v=2TIK9oXc5Wo>.

Principios de psicología, publicado en 1890. Para él, plasticidad es «poseer una estructura lo suficientemente débil para ceder ante una influencia, pero también lo bastante fuerte para no ceder de golpe. En esta estructura, cada fase de equilibrio relativamente estable se caracteriza por lo que podríamos llamar un nuevo conjunto de hábitos». Algunos años más tarde, Santiago Ramón y Cajal sugirió acertadamente que dicha plasticidad cerebral se refleja en modificaciones en la «ramificación y el crecimiento progresivo de la arborización dendrítica y terminales nerviosas».

A lo largo de la vida, los seres humanos conservamos un nivel basal de plasticidad. El aprendizaje diario y la creación de nuevos recuerdos requieren que nuestro cerebro cambie, se adapte y, en definitiva, aprenda. Esto hace que el cerebro con el que te has despertado hoy sea distinto al cerebro con el que te irás a dormir. Lo que vas aprendiendo se refleja en variaciones en la estructura y el funcionamiento de tus células cerebrales, así como en las conexiones entre ellas. Hablamos de modificaciones, por ejemplo, en el número de neurotransmisores que viajan entre neurona y neurona, la cantidad de receptores en las neuronas postsinápticas, la forma y el número de dendritas que reciben la información, etc. Son cambios significativos pero sutiles que rara vez pueden observarse sin un microscopio. Esta es la forma más común de neuroplasticidad, pero no la única.

Además de los niveles basales de plasticidad cerebral, existen periodos vitales, llamados periodos sensibles, en los que el cerebro es especialmente plástico y propenso a aprender. Son ventanas de aprendizaje en las que la persona está más receptiva a procesar y grabar determinado tipo de información. En este caso, ya no hablamos de cambios sutiles, sino de transformaciones cerebrales pronunciadas y, en gran medida, irreversibles y observables a escala macroscópica con resonancia magnética.

Uno de estos periodos vitales es la infancia. Las criaturas nos sorprenden a diario con sus progresos porque su cerebro está en plena explosión de desarrollo. Popularmente, se dice que su cerebro es como una esponja. Atendiendo a las neuronas, podríamos decir que es más bien como una plaga o un jardín que prolifera de forma desmesurada. Durante la infancia, el cerebro produce tal cantidad de neuronas y conexiones que luego tendrá que deshacerse de algunas de ellas para poder funcionar en «modo adulto».

Antes se creía que los periodos sensibles se limitaban a la infancia y el desarrollo temprano. Más tarde, los científicos observaron que durante la adolescencia los mecanismos de plasticidad cerebral volvían a potenciarse. Así, a los grandes cambios físicos y psicológicos que caracterizan la adolescencia, se suman profundos cambios cerebrales, uno de los cuales es la poda sináptica, por la cual se eliminan las células y sinapsis redundantes mientras se mantienen y refuerzan las restantes. De hecho, este proceso recibe el nombre de poda porque se asemeja a la poda de un árbol, mediante la que se desechan las ramas más débiles y secundarias para fortalecer el crecimiento de las principales. Podríamos conceptualizarlo como la poda del jardín cerebral que creció de forma desmesurada durante los primeros años de vida. El objetivo de esta poda es potenciar el flujo de información por las carreteras principales (constelaciones cerebrales principales) y deshacernos de las enrevesadas carreteras secundarias que conectan todo con todo y pueden hacer que nos perdamos por el camino.

En la adolescencia, la poda sináptica se acompaña de otros procesos cerebrales como la mielinización de los axones, que no es más que el recubrimiento del axón con vainas de mielina para acelerar la transmisión del potencial de acción a lo largo de este, y así convertir esas carreteras en autopistas. Todos estos procesos celulares de neuroplasticidad se traducen en una disminución del volumen de sustancia gris, que es concurrente con la maduración y el desarrollo de funciones mentales específicas. De esta manera, primero disminuye el volumen de sustancia gris en regiones implicadas en procesos motores y sensoriales básicos y, al final de la adolescencia, la reducción alcanza regiones implicadas en procesos más sofisticados, como el razonamiento moral que recae sobre las redes funcionales de alto rango.

Uno de los principales inductores endógenos de plasticidad cerebral son las hormonas sexuales. Así, la maduración cerebral durante la adolescencia coincide con un incremento en los niveles de estas moléculas. Las hormonas sexuales tienen la capacidad de promover cambios en la estructura y función del sistema nervioso central uniéndose a receptores específicos que tienen algunas neuronas y células gliales de nuestro cerebro. Las hormonas esteroideas, por ejemplo, pueden provocar cambios en la forma de los axones o en el número de dendritas, espinas dendríticas y contactos sinápticos. Pueden incluso alterar la glía, contrayéndola para facilitar el contacto entre neuronas y la transmisión sináptica. También pueden indicar a la microglía cómo modificar las neuronas de su entorno y sus conexiones. Es más, son capaces de poner en marcha procesos como la muerte celular o la formación de nuevas células cerebrales, entre otros.

Ahora adivina qué otro periodo de la vida adulta está caracterizado por grandes fluctuaciones hormonales. Exacto. El embarazo es el periodo vital en el que se producen las fluctuaciones hormonales más extremas. En ningún otro momento de la vida de un ser humano sano encontramos variaciones de la misma magnitud que las que observamos durante la gestación, ni siquiera en la adolescencia. Para que te hagas una idea, los niveles de estrógenos que invaden el cuerpo y el cerebro de la mujer durante los nueve meses de embarazo superan a los acumulados en una mujer no embarazada durante toda su vida fértil (aproximadamente, treinta y cinco años).

Capítulo V

La tormenta hormonal durante la transición a la maternidad

> Hay cosas que se aprenden mejor en la calma y otras en la tormenta.
>
> WILLA CATHER

La palabra «hormona» está muy presente en nuestro vocabulario. Desde la adolescencia, las mujeres estamos acostumbradas a pensar en ellas al menos una vez al mes y a escuchar comentarios que las relacionan con nuestro estado mental, como si las fluctuaciones hormonales fueran algo exclusivo del sexo femenino. Tanto las hormonas masculinas como las femeninas fluctúan, y estas variaciones ejercen efectos en nuestra mente y en nuestro cuerpo. Así, ambos sexos somos sensibles a las hormonas, si bien es cierto que el tipo de hormonas predominantes, su concentración y su ciclo de fluctuaciones son diferentes entre hombres y mujeres. A esto hay que añadir que el 85 % de las mujeres pasarán por un embarazo a lo largo de su vida, lo que implica que su cuerpo y su cerebro estarán expuestos a la mayor tormenta hormonal que puede experimentar un ser humano.

Pero antes de adentrarnos en el terreno de las hormonas en el embarazo, el parto y el posparto, permíteme argumentar por qué es necesario tener en cuenta las diferencias sexuales y, en concreto, las hormonales, en el campo de la biomedicina. Como sabes, actualmente existe un acalorado debate sobre las distinciones entre personas que nacen con sexo femenino y personas que nacen con sexo masculino. Para que la medicina avance, las diferencias sexuales al menos deben ser evaluadas.

SEXO Y GÉNERO

Simplificando al máximo, podemos decir que el sexo se define sobre la base de la anatomía, la fisiología, la genética y las hormonas, mientras que el género es un constructo social que abarca las características, los roles y comportamientos que la sociedad atribuye a un sexo determinado.

---

1. ¿Hormonas masculinas y hormonas femeninas?

Las hormonas, en especial las sexuales procedentes de nuestras gónadas, son diferentes en hombres y mujeres. En el caso de las mujeres, los ovarios producen sobre todo estrógenos y progestágenos que se encargan de regular el ciclo menstrual y de preparar el endometrio para promover la gestación. En los hombres, son los testículos los responsables de la síntesis de las hormonas sexuales, principalmente la testosterona, la cual desempeña un papel fundamental en la producción de espermatozoides. Pese a que ambos sexos poseen estrógenos, progestágenos y testosterona, la concentración de estas varía en personas con ovarios o en personas con testículos. Por ejemplo, mientras que los niveles de estrógenos en los hombres suelen oscilar entre 20 y 55 pg/ml, en las mujeres, antes de la ovulación se mueven entre 20 y 80 pg/ml, y durante el pico de ovulación oscilan entre 200-400 pg/ml. Son estas diferencias de cantidad y sus fluctuaciones las que agrupan las hormonas como femeninas o masculinas.

Una de las funciones de las hormonas sexuales es promover la aparición de características sexuales secundarias como el crecimiento del vello corporal o el desarrollo mamario durante la pubertad, así como regular el ciclo reproductivo. Pero no es la única. El papel de las hormonas va más allá. Como veremos a lo largo de este capítulo, están implicadas en múltiples procesos fisiológicos, desde la salud mental a la salud cardiometabólica. Los estrógenos, por ejemplo, regulan el funcionamiento del cerebro, el corazón, los vasos sanguíneos, los huesos, los músculos, los pechos o el tejido adiposo. En todas estas partes de nuestro cuerpo se producen estrógenos y se expresan receptores de estos. Además, como hemos visto en el capítulo III, durante el embarazo, la placenta produce grandes cantidades de estrógenos y de progestágenos con el objetivo de modificar la anatomía y función de los órganos y así prepararlos para gestar, parir y criar. Muchos de estos cambios persistirán durante toda la vida.

2. Sesgo de sexo en biomedicina

Negar el efecto sexualmente dimórfico de las hormonas en biomedicina nos empuja a retroceder a los años setenta, cuando las mujeres eran excluidas de la mayoría de los ensayos clínicos. Por aquel entonces, los investigadores consideraban que era demasiado arriesgado incluirlas en los estudios por la posibilidad de que estuvieran embarazadas. Además, resultaba engorroso controlar por la fase del ciclo menstrual, así que para evitar que nuestras fluctuaciones hormonales sesgaran los resultados, la «mejor» solución era que las muestras incluyeran solo a personas de sexo masculino.

Hace poco leí un tuit, no recuerdo de quién, que reflejaba, a modo de sátira, lo injusto y absurdo del sesgo que ha afectado históricamente a las mujeres en biomedicina. Decía lo siguiente: «No utilizamos hombres en nuestro ensayo clínico porque controlar por los efectos de las fluctuaciones en testosterona sería muy complicado. Así que utilizaremos humanos normales, i. e., mujeres».

Bromas aparte, debido a este sesgo, las mujeres eran diagnosticadas y tratadas de patologías basándose en datos procedentes de estudios en los que solo se muestreaba a hombres. Como resultado, se cometieron errores en el diagnóstico, por ejemplo, de ataques al corazón. Cuando pensamos en un ataque al corazón, nos viene a la cabeza el típico dolor en el pecho que se irradia al brazo izquierdo, ¿cierto? Pues bien, estos síntomas fueron descritos principalmente en hombres; las mujeres presentan síntomas un tanto diferentes, como dolor en la boca del estómago, falta de aire, náuseas y vómitos. Al mencionar esto, no puedo evitar pensar en el caso de Raquel, de cincuenta y dos años, que acudió a urgencias hasta en cuatro ocasiones por un fuerte malestar en la boca del estómago. En todas ellas salió con un diagnóstico de ansiedad y varias recetas de ansiolíticos. Falleció a los pocos días de un infarto de miocardio, es decir, de un ataque al corazón. La autopsia reveló que ya había tenido dos que tampoco habían sido identificados. Por desgracia, no se trata de un caso aislado; en más de una ocasión he leído en los medios de comunicación ejemplos tristemente similares.

Muy a mi pesar, he de admitir que incluso yo, al inicio de mi carrera investigadora, cometí la equivocación de no incluir a mujeres en mis estudios. En mis primeras publicaciones de doctorado sobre los trastornos del neurodesarrollo, allá por 2005, excluíamos a las niñas de la muestra para evitar «errores» debidos a la variabilidad hormonal asociada al sexo. Ese era el estándar científico y no se cuestionaba; así lo hacían la mayoría de los estudios en los que se fundamentaba nuestra investigación. Lo paradójico es que estudiábamos trastornos del neurodesarrollo de niñas prepúberes de siete u ocho años cuyo cerebro ni siquiera está sujeto aún a las fluctuaciones hormonales del ciclo menstrual. La excusa entonces para dejarlas fuera era la mayor prevalencia del trastorno en niños o las diferencias sexuales en la manifestación de sus síntomas. Pero incluso en estudios de enfermedades que son más prevalentes en mujeres, como la enfermedad de Alzheimer, también se investigaba principalmente a hombres. Por un motivo u otro, nosotras nos quedábamos fuera.

El sesgo de sexo ha ido remitiendo con los años, en parte gracias a mandatos como el «Sex as biological variable» (2015),[5] impulsado por la principal agencia financiadora de estudios de Estados Unidos, el National Institute of Health (NIH). Este mandato exige la representación equitativa de ambos sexos tanto en estudios en humanos como en estudios en animales. Unos años más tarde, el NIH también reconoció la necesidad de considerar factores relacionados con el constructo social «género». Muy probablemente, lo que le ocurrió a mi amiga Raquel fue consecuencia tanto del sesgo de sexo en los estudios biomédicos como de las expectativas de género, que demasiado a menudo perciben a las mujeres como crónicamente ansiosas o histéricas.

Hoy en día, las agencias de financiación nacional e internacional nos exigen, a quienes nos dedicamos a la investigación, analizar cómo el sexo y el género de las personas influye en los datos. Como resultado, el porcentaje de estudios que incluyen muestras de ambos sexos en diversas disciplinas biomédicas ha pasado del 29 % en el año 2009 al 49 % en 2019. Sin embargo, aún estamos lejos de erradicarlo por completo. Por ejemplo, aún hoy en día,

5. <https://orwh.od.nih.gov/e-learning/sex-as-biological-variable-primer>.

las enfermedades que afectan exclusivamente a las mujeres, como la endometriosis, tardan una media de ocho años en diagnosticarse. Otro ejemplo es lo ocurrido en el año 2020 con la vacuna contra la COVID-19. Tras la vacunación, un gran porcentaje de mujeres informaron de alteraciones menstruales. Pese a que después se ha constatado que se trata de alteraciones leves y reversibles, no estaban contempladas como efectos secundarios, con toda probabilidad porque ni se estudiaron.

VISIBILIZAR EL PROBLEMA

En mayo de 2023, la revista *Nature* publicó tres comentarios con el objetivo de que tomemos consciencia del sesgo de sexo en biomedicina y de sus consecuencias en la salud de las mujeres:

- «Women's health: end the disparity in funding», *Nature*, n.º 617 (4 de mayo de 2023), p. 8, ‹https://doi.org/10.1038/d41586-023-01472-5›.
- Ledford, Heidi, «How menopause reshapes the brain», *Nature*, n.º 617 (4 de mayo de 2023), pp. 25-27, ‹https://doi.org/10.1038/d41586-023-01474-3›.
- Smith, Kerri, «Women's health research lacks funding-in a series of charts», *Nature*, n.º 617 (4 de mayo de 2023), pp. 28-29, ‹https://doi.org/10.1038/d41586-023-01475-2›.

Afortunadamente, ya somos muchas las investigadoras que estamos trabajando para revertir este sesgo. Desde mi grupo, además de realizar nuestros propios estudios con mujeres, colaboramos como asesoras científicas en varias iniciativas internacionales que estudian la relación entre el cerebro y las fluctuaciones hormonales que acompañan las diferentes etapas de la vida de una mujer, desde la adolescencia hasta la menopausia, pasando además, en muchos casos, por embarazos, partos y pospartos. Una de estas iniciativas es la Ann S. Bowers Women's Brain Health Initiative,[6] dirigida por Emily Jacobs. Por cierto, el vídeo promocional de esta iniciativa no tiene desperdicio; sabemos más de los dinosaurios, la calvicie masculina o la disfunción eréctil que de la menopausia.

Esperamos que, en un futuro próximo, estas y otras iniciativas nos permitan entender mejor, por ejemplo, por qué las mujeres tenemos más riesgo de sufrir alzhéimer que los hombres. O esclarecer el efecto de distintos tratamientos hormonales, como los tratamientos anticonceptivos o las terapias de reemplazo hormonal, en nuestro cerebro. Puede que te sorprenda, pero, a pesar de que más de un millón de mujeres toman anticonceptivos orales, no existen demasiados estudios que evalúen de forma rigurosa su impacto en el cerebro, como tampoco existían estudios que evaluasen el efecto del embarazo en el cerebro humano.

Ahora sí, una vez explicados los motivos por los que

6. <https://wbhi.ucsb.edu/>.

considero esencial tener en cuenta el sexo en biomedicina, veamos qué son las hormonas. Advierto que este es, probablemente, el capítulo más académico y denso de leer. A mí me apasiona el mundo de las hormonas, pero entiendo que no todos los lectores quieran llegar al mismo nivel de detalle. No es indispensable entender a fondo las fluctuaciones hormonales femeninas para seguir el hilo del libro. Si lo prefieres, puedes leer este capítulo de manera más superficial, considerándolo como un texto de consulta al cual siempre puedes volver si deseas profundizar algún contenido específico o repasarlo. Eso sí, si te gustan las hormonas, lo vas a disfrutar.

3. ¿Qué son las hormonas?

Como decía al principio del capítulo, estamos acostumbrados a referirnos a las hormonas en nuestro día a día, pero ¿sabemos realmente qué son y para qué sirven? La palabra «hormona» procede del griego antiguo ὁρμῶν y significa 'excitando, estimulando'. La Real Academia Española la define como el «producto de secreción de ciertas glándulas que, transportado por el sistema circulatorio, excita, inhibe o regula la actividad de otros órganos o sistemas de órganos».

Solemos pensar en nuestro cuerpo como una unidad, como un todo integrado, pero, en realidad, el cuerpo humano es un ensamblaje de unos treinta billones de células que se agrupan en órganos y sistemas con funciones específicas y que necesitan trabajar de forma coordinada.

Dicha coordinación requiere de una comunicación constante y eficaz.

¿Cómo se comunican entonces las diferentes partes de nuestro cuerpo? ¿De qué manera las células del cerebro envían y reciben información, por ejemplo, a las células de los ovarios? Una de las formas en las que los órganos del cuerpo hablan entre sí es a través de los nervios del sistema nervioso. Gracias a estos, que no son más que paquetes de axones, el cerebro y la médula espinal intercambian información con el resto de los órganos mediante impulsos eléctricos. Sin embargo, este cableado nervioso no conecta todas las partes de nuestro cuerpo, por lo que necesitamos recurrir, de nuevo, a un tipo de comunicación «inalámbrica», en este caso utilizando las hormonas como mensajeros químicos.

Las hormonas son sustancias químicas que viajan por el torrente sanguíneo actuando como mensajeros, comunicando unos órganos con otros y regulando su funcionamiento. El conjunto de glándulas capaces de liberar hormonas se conoce como sistema endocrino. Entre ellas están la glándula tiroides y las paratiroides, las glándulas suprarrenales, el páncreas y las gónadas sexuales (ovarios y testículos). Pero también tenemos glándulas endocrinas en nuestro cerebro, lo que significa que hay partes de este con capacidad de sintetizar y liberar hormonas. Es más, es el cerebro, en concreto el hipotálamo y la hipófisis, el que ejerce de director de orquesta hormonal y el que, como tal, indica al resto de glándulas qué hormonas deben aportar a la sinfonía endocrina para que todo funcione correctamente.

El hipotálamo y la hipófisis trabajan conjuntamente monitorizando el estado del cuerpo y enviando mensajeros químicos que informan a los diferentes órganos sobre qué deben hacer y cuándo. Es un tipo de comunicación bidireccional en la que el cerebro actúa como emisor y receptor de hormonas para mantener un equilibrio homeostático y adaptarlo si las circunstancias lo requieren. Como si se tratase de un termostato, estas regiones cerebrales detectan si los niveles hormonales se desvían del rango óptimo para una situación determinada y, en tal caso, ponen en marcha una serie de mecanismos de restauración, enviando mensajes con instrucciones de acción a nuestro cuerpo y nuestro cerebro. Dichos mecanismos tienen la capacidad de autorregularse, es decir, de desactivarse cuando se restablece el equilibrio.

LA REGULACIÓN DEL EJE HIPOTÁLAMO-HIPOFISARIO-ADRENAL

El cerebro debe mantener los niveles de la hormona cortisol dentro de un rango establecido. Si recibe información de otros centros cerebrales alertando de una situación estresante, enviará un mensaje en forma de hormonas al torrente sanguíneo pidiendo a las glándulas suprarrenales que liberen cortisol extra. Este se dirigirá a distintas partes de nuestro cuerpo, como el corazón o los músculos, y las preparará para afrontar el estrés, aumentando la frecuencia cardiaca o la tensión muscular, entre otros. Una vez liberado, será el propio cortisol el que confirmará al cerebro que su mensaje ha sido recibido, que ya se ha liberado y ha actuado sobre los distintos órganos y que no es necesario que siga solicitando más. En otras palabras, el eje hipotálamo-hipofisario-adrenal que controla la respuesta al estrés generando cortisol se autorregula mediante un mecanismo de retroalimentación negativa.

4. Tipos de hormonas

En función de su estructura química, las hormonas se pueden clasificar en diferentes tipos, entre los que destacan dos: las hormonas esteroideas y las hormonas peptídicas.

Las hormonas esteroideas incluyen las liberadas por la glándula adrenal, como el cortisol, y las liberadas por los ovarios, estrógenos y progestágenos, y los testículos, principalmente testosterona. Todas ellas están formadas a partir de lípidos, una sustancia que les permite cruzar con facilidad la membrana que protege nuestro cerebro, llamada barrera hematoencefálica. Una vez en el cerebro, se unen a receptores específicos de las células cerebrales (glía y neuronas), modificando su estructura y su función de acuerdo con lo indicado en el mensaje que transmiten. Estas hormonas están detrás de la mayor parte de los procesos de neuroplasticidad que mencioné en el capítulo anterior.

Por su parte, las hormonas peptídicas más importantes son la oxitocina y la prolactina, ambas sintetizadas en el cerebro —la oxitocina en el hipotálamo y la prolactina en la hipófisis— y liberadas al torrente sanguíneo. A diferencia de las hormonas esteroideas, las hormonas peptídicas están formadas por unas moléculas llamadas aminoácidos que no les permiten cruzar la ya mencionada barrera hematoencefálica. A día de hoy se sabe que actúan en el cerebro, pero no la forma en la que acceden a él. En el caso de la oxitocina, ya mencionamos que, además de liberarse al torrente sanguíneo, también se libera directamente al interior del cerebro, donde actúa como neurotransmisor y ejerce sus famosos efectos como hormona del «amor» y del vínculo afectivo. En el caso de la prolactina, se cree que vuelve a entrar gracias a algún tipo de molécula transportadora que todavía se desconoce.

MARCADORES PERIFÉRICOS DE LO QUE OCURRE EN EL CEREBRO

Pese a la cantidad de estudios que asocian los valores periféricos de estas hormonas, en especial de la oxitocina, con distintos fenómenos psicológicos, la cruda realidad es que no sabemos, a ciencia cierta, si los niveles son los mismos dentro y fuera del sistema nervioso, pues la barrera hematoencefálica impide que la hormona fluya libremente de un compartimento al otro. Dicho de forma llana, no sabemos si niveles altos de oxitocina en sangre, en saliva o en orina se corresponden con niveles altos de oxitocina en el cerebro.

Hemos visto que la oxitocina puede actuar como hormona y como neurotransmisor cerebral. No es la única. Existen otras moléculas químicas, por ejemplo, la noradrenalina, que también actúan como hormonas en la periferia y como «neurotransmisores» cuando se liberan en el interior del cerebro. Es más, los estrógenos, cuando actúan a nivel cerebral, pueden modular la transmisión del potencial de acción, dificultándolo o facilitándolo. Repito, los estrógenos pueden modificar la forma en la que nuestro cerebro se activa y transmite información, es decir, pueden afectar a nuestro estado mental.

TIPOS DE ESTRÓGENOS

Solemos hablar de los estrógenos como una única hormona, pero la realidad es que hay diferentes formas de estrógenos. Además, estos se producen no solo en los ovarios, sino en muchas otras áreas del cuerpo, incluyendo tejidos grasos, huesos, piel, hígado y la glándula suprarrenal.

Los estrógenos más relevantes son los siguientes:

- Estradiol. Normalmente, cuando hablamos de estrógenos, nos referimos al estradiol. La mayor parte de los estrógenos es estradiol producido por los ovarios e implicado en el ciclo menstrual.
- Estrona. La estrona se produce mayoritariamente en los tejidos grasos y en menor medida en los ovarios y en la placenta.
- Estriol. Es el principal estrógeno presente en el embarazo y es secretado por la placenta.
- Estretol. Este estrógeno es producido por el hígado del feto durante el embarazo.

El cerebro es el rey de este intrincado sistema de mensajería hormonal, pero con la llegada del embarazo la placenta se sube también al trono. Tal y como dije en el capítulo III, la placenta sintetiza y secreta multitud de hormonas para adaptar la fisiología materna y garantizar el éxito de la gestación, el parto y el posparto. Veamos con mayor detalle qué sucede con las hormonas en el cuerpo de la mujer. Primero, nos centraremos en lo que ocurre durante el ciclo menstrual, que, en realidad, se puede concebir como la preparación del cuerpo para el embarazo; después, en las fluctuaciones hormonales que caracterizan el embarazo, el parto, el posparto y la lactancia.

5. Preparación al embarazo: ciclo menstrual

El ciclo menstrual está regulado por una estrecha comunicación entre el cerebro y los ovarios mediante las hormonas (figura 6).

Mensajes hormonales enviados por el cerebro. El principal mensaje hormonal liberado por el cerebro, en concreto por el hipotálamo, es la llamada GnRH (hormona liberadora de gonadotropinas). Este mensaje se dirige a la hipófisis y le indica que escriba otros dos mensajes o, dicho de otro modo, que produzca otras dos hormonas: la FSH, conocida como la hormona foliculoestimulante, y la LH, u hormona luteinizante. Al inicio del ciclo menstrual, la hipófisis secreta la FSH al torrente sanguíneo. Como su propio nombre indica, cuando la FSH llega al ovario, estimula los folículos —que son unas estructuras llenas de líquido que contienen óvulos— para que se de-

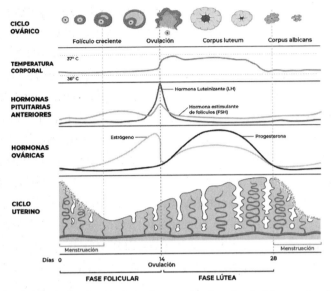

Figura 6: Principales fluctuaciones hormonales durante el ciclo menstrual y su relación con el ciclo ovárico, la temperatura corporal y el ciclo uterino.

sarrollen y maduren. En la mitad del ciclo, cuando el folículo que alberga el óvulo ya ha madurado, la hipófisis envía otro mensaje a los ovarios, la LH. El pico de LH hace que el óvulo salga del folículo, es decir, desencadena la ovulación. Lo que queda del folículo tras la liberación del óvulo recibe el nombre de cuerpo lúteo, de ahí que se conozca como hormona luteinizante.

Mensajes hormonales enviados por los ovarios. A medida que los folículos se desarrollan y maduran por efecto de la FSH, los ovarios van produciendo estrógenos. La presencia de estos, por tanto, es especialmente abundante durante la primera mitad del ciclo, justo antes del pico de LH. Estas hormonas tienen una función crucial en la regulación del ciclo menstrual, pues avisan al cerebro del estado de maduración de los folículos y del momento en que debe liberar la LH para que el óvulo salga.

Otro mensaje enviado por los ovarios es la progesterona. Esta hormona es secretada principalmente por el cuerpo lúteo después de la ovulación. Su papel principal es aumentar el grosor del revestimiento del útero, el endometrio, para que, si fuera el caso, el embrión pueda implantarse; ya sabes, para que el sincitiotrofoblasto empiece la excavación y remodelación de vasos sanguíneos. Así, la progesterona es la hormona sexual predominante en la segunda mitad del ciclo. Si no se produce el embarazo, disminuye, lo que da lugar a la menstruación, que no es más que el desprendimiento del endometrio que había engrosado. Con la menstruación, el ciclo se reinicia, liberando la GnRH hipotalámica que indica a la hipófisis que produzca de nuevo FSH y LH.

Las fluctuaciones de estas hormonas durante el ciclo menstrual son mínimas comparadas con las que caracterizan la gestación, pero suficientes como para que muchas mujeres noten sus efectos tanto fisiológicos como psicológicos.

6. Fluctuaciones hormonales durante el embarazo, el parto y el posparto

Si estuviéramos en un concurso televisivo y nos preguntaran cuál es la hormona del embarazo, seguramente pensaríamos en la progesterona. De hecho, su nombre así lo indica: *pro-*, 'en favor de'; *-gest-*, 'gestar'; *-sterone*, 'hormona esteroide'. Y si la pregunta fuera cuál es la hormona del parto, probablemente responderíamos que es la oxitocina, la famosa hormona del «amor» responsable de las contracciones uterinas. Nuevamente, la etimología nos ayuda, ya que la palabra «oxitocina» deriva del griego *oxús*, que significa 'rápido', y *tókos*, que significa 'parto'. Y durante el posparto, ¿verdad que diríamos que es la prolactina, la hormona que promueve la lactancia?

Aunque nuestras respuestas fueran acertadas y nos permitieran ganar el premio del concurso, la realidad es que el papel de las hormonas en todo este proceso es mucho más complejo. Rara vez lo que ocurre en nuestro cuerpo es resultado del trabajo de una única hormona. Los cambios fisiológicos de los que te hablé en el capítulo III y las modificaciones cerebrales de las que te hablaré en los siguientes dependen de la fluctuación orquestada de todo un conjunto de hormonas que aparecen en un momento muy preciso y en una cantidad concreta en referencia al resto. Por ejemplo, en el contexto del embarazo, los efectos de los estrógenos varían en función de la progesterona activa circulante. Y la oxitocina o la prolactina afectan de forma diferente dependiendo de si se liberan antes o después de la subida de estrógenos, ya que estos están implicados en la creación de receptores a los que se unirán las primeras para ejercer sus efectos.

Debemos cuestionarnos eslóganes demasiado simplistas y deterministas que asocian la presencia de una hormona determinada con un impacto directo en el cuerpo y en la mente. El papel de las hormonas debe enmarcarse en un curso temporal y en un contexto fisiológico y ambiental concretos.

Para elaborar esta sección me he basado en un artículo de revisión que hemos publicado recientemente en *Nature Neuroscience Reviews*. Las primeras autoras de esta revisión son Camila Servin Barthet y Magdalena Martínez García, dos fantásticas investigadoras con las que tengo el placer de trabajar y cuyos nombres ya resuenan en la esfera neurocientífica internacional.

En el artículo describimos el curso temporal de cinco hormonas (estradiol, progesterona, cortisol, prolactina y oxitocina) durante las etapas de gestación, parto, posparto y lactancia (figura 7). Estas cinco hormonas son las más relevantes para el estudio del cerebro maternal. En la revisión también hablamos de la relación entre hormonas, cerebro y conducta maternal. Así que, si no te importa que te destripe parte de lo que contaré en este libro, te recomiendo encarecidamente leerla. La revisión lleva por título «The transition to motherhood: linking hormones, brain and behaviour».

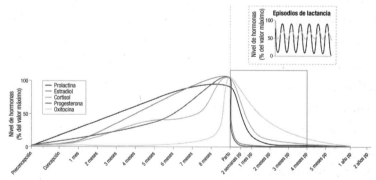

Figura 7: Curso temporal de las fluctuaciones en prolactina, estradiol, cortisol, progesterona y oxitocina. Figura adaptada del artículo «The transition to motherhood: linking hormones, brain and behaviour», *Nature Reviews Neuroscience* 24, 605–619 (2023).

¿Qué ocurre hormonalmente durante la gestación?

En el capítulo III, vimos como en la etapa inicial del embarazo las células que formarán la placenta secretan la hormona gonadotropina coriónica (hCG). Esta mantiene vivo el cuerpo lúteo para que siga produciendo progesterona y así evitar que el endometrio se desprenda y comience la menstruación. A las pocas semanas de gestación, la placenta empieza a producir progesterona, por lo que la hCG ya no es necesaria. Junto con la progesterona, la placenta también sintetiza estradiol, la principal forma de estrógeno. Desde ese momento y hasta el final del embarazo, los niveles de estas dos hormonas aumentarán de forma progresiva. Así, justo antes del inicio del parto, los niveles de progesterona y estradiol se multiplican por varias decenas.

NIVELES DE ESTRADIOL Y PROGESTERONA

Tal vez te sorprenda que utilice la expresión «varias decenas». Me encantaría darte datos más concretos, pero lo cierto es que necesitamos más estudios con grandes muestras que nos permitan delimitar mejor los rangos. Los estudios actuales muestran datos demasiado dispersos. *Grosso modo*, revisando los límites establecidos por diferentes pruebas de laboratorio, y a la espera de datos más fiables, podemos establecer las siguientes comparaciones:

Estradiol: hombres <60 pg/ml; mujeres no embarazadas durante la ovulación <400 pg/ml; mujeres embarazadas en el tercer trimestre ~6.000 pg/ml, aunque algunos labo-

---

ratorios consideran dentro del rango normal valores durante el embarazo de 20.000 pg/ml.

   Progesterona: hombres <3 ng/ml; mujeres no embarazadas <30 ng/ml; mujeres embarazadas en el tercer trimestre
~290 ng/ml; de nuevo, hay discrepancia en el límite superior
entre laboratorios, que en algunos es de 1.000 ng/ml durante el tercer trimestre de embarazo.

Una de las funciones del estradiol es decirle al cerebro
materno que debe prepararse para alimentar a un bebé.
Dicha preparación conlleva el aumento de unas células de
la hipófisis llamadas lactótropas que sintetizan y secretan
prolactina al torrente sanguíneo. La prolactina se dirige a
diferentes tejidos del cuerpo de la madre, en especial a las
glándulas mamarias, donde actuará regulando su desarrollo para optimizar la lactancia y la secreción de leche en el
posparto. Los niveles de prolactina van aumentando a lo
largo de la gestación, llegando a alcanzar, en el momento
del parto, valores cinco veces superiores a los iniciales.
Aproximadamente hacia la mitad del embarazo, los niveles de cortisol aumentan debido a un incremento de una
hormona llamada hormona liberadora de corticotropina
placentaria. Esta se entromete en el funcionamiento normal del eje hipotálamo-hipofisario-adrenal, el eje del estrés materno, y provoca que los niveles de cortisol se tri-
pliquen al final del embarazo.
   Solemos asociar los niveles de cortisol con efectos negativos para el organismo. Sin embargo, en su justa medida y dentro de un contexto fisiológico determinado y

en un momento preciso, esta hormona es esencial para nuestra supervivencia. Durante el embarazo, el cortisol permite la maduración de los pulmones, el intestino, el hígado o el cerebro del bebé. De hecho, ante la amenaza de parto prematuro, en ocasiones se administran sustancias sintéticas de la familia del cortisol (betametasona o dexametasona) para acelerar la maduración de los pulmones y conseguir que el bebé pueda respirar por sí solo.

ESTRÉS Y PROGRAMACIÓN FETAL

¿Pueden los niveles de cortisol durante el embarazo dañar al feto? El cortisol es necesario en su justa medida y en un momento determinado. Si los niveles de cortisol que llegan al feto son muy elevados pueden ser perjudiciales para la salud de la madre y del bebé.

¿Cómo se protegen madre y bebé de esos niveles elevados? Principalmente, gracias a la placenta. En la placenta hay una enzima (una especie de conversor) llamada 11β-HSD que tiene dos versiones. La versión 11β-HSD2 transforma el cortisol que procede de la madre en su forma inactiva, cortisona, que no es dañina para el bebé. La 11β-HSD1, por su parte, tiene el efecto contrario, convierte la cortisona en su forma activa, cortisol.

En condiciones de estrés materno continuo, puede producirse un incremento exagerado de cortisol acompañado de una disminución del flujo sanguíneo y, por lo tanto, de nutrientes y oxígeno. Si esto ocurre de forma grave, podría dar lugar a una reacción en cadena en la que, paradójicamente, aumentasen aún más los niveles de cortisol que le llegan al feto, incrementando el riesgo de parto prematuro.

¿De qué reacción hablamos? Ante una situación de estrés continuado, disminuye la actividad de la enzima 11β-HSD2 y aumenta la de la enzima 11β-HSD1. Esta reacción puede entenderse como un mecanismo «adaptativo» que facilita la maduración del feto y desencadena el parto, ya que el organismo entiende que es preferible abandonar el útero que permanecer en un ambiente con escasez de nutrientes y oxígeno. Los niveles elevados de cortisol durante el embarazo pueden programar epigenéticamente el cuerpo y la mente del bebé para que funcione con niveles elevados de cortisol en su vida adulta, lo que incidiría en la salud metabólica, cardiaca y mental a largo plazo.

Este campo de estudio recibe el nombre de «teoría de la programación fetal». Actualmente, la evidencia más sólida de estos efectos deletéreos procede de estudios en roedores, así que tendremos que esperar para saber a ciencia cierta la solidez de estos hallazgos en humanos. De todas formas, debéis recordar que estos estudios no encuentran una relación determinista y directa de causa-efecto. Nos hablan de un mayor o menor riesgo evaluado estadísticamente, el cual debe contextualizarse en un entorno global en el que conviven factores de riesgo con factores protectores.

¿QUÉ OCURRE HORMONALMENTE DURANTE EL PARTO?

El estradiol promueve las contracciones uterinas, pero la progesterona las suprime; así, pese a los altos niveles de estrógenos, se produce un estado de equilibrio y no nos ponemos de parto. En la mayoría de los mamíferos, los niveles de progesterona caen en picado al final del embarazo, lo que inclina la balanza hacia el estradiol, es decir, hacia las contracciones uterinas y el inicio del parto. Sin embargo, en humanos, el parto comienza con altos niveles de progesterona, aunque no se sabe a ciencia cierta por qué. Existe la hipótesis de que, pese a estos niveles elevados, la capacidad de la progesterona para unirse a los receptores uterinos disminuye a finales del tercer trimestre.

Tampoco podemos olvidarnos en esta sección de la oxitocina. Esta famosa hormona se sintetiza y libera principalmente en el cerebro de la madre. Como hemos visto, desde allí puede dirigirse al torrente sanguíneo o al interior del cerebro, donde modula la actividad cerebral. La oxitocina liberada al torrente sanguíneo viaja hasta el útero, que, gracias al efecto de los estrógenos durante el embarazo, está plagado de receptores de oxitocina. La unión de esta a los receptores uterinos estimula aún más las contracciones en el útero y con ello el trabajo de parto. Se estima que en el momento del parto los niveles de oxitocina son de tres a cuatro veces superiores respecto al inicio de este, y entre seis y ocho veces superiores a los que se observan en mujeres que no están embarazadas.

A este combinado de muchos estrógenos, poca progesterona y pico de oxitocina, se añaden otras hormonas como la relaxina, las prostaglandinas y la hormona liberadora de corticotropina placentaria. Pero el cóctel que desencadena el parto no solo contiene ingredientes hormonales, sino también inmunológicos. Entre ellos, la respuesta proinflamatoria del sistema inmune producida por una placenta envejecida que pierde su capa de invisibilidad ante las células inmunológicas maternas.

Aunque resulte asombroso, en la actualidad seguimos sin entender completamente la compleja interacción de elementos que provoca el proceso de parto. Sabemos que hay hormonas que lo promueven, como las prostaglandinas y la oxitocina, pero, como decíamos al inicio del capítulo, las hormonas rara vez actúan de forma independiente. El parto, al igual que el embarazo, requiere de una armoniosa coordinación entre los diversos miembros de la orquesta. Si alguno desentona o pierde el ritmo, puede arrastrar a otros y afectar así la ejecución musical. Entre estos miembros se incluyen hormonas, dentro y fuera del cerebro, factores inmunológicos, estimulaciones sensoriales y, por supuesto, aspectos psicológicos derivados de la interacción entre todos estos aspectos y el ambiente.

Gracias a la medicina, hoy podemos salvar a muchas mujeres y a sus hijos que, de lo contrario, no habrían sobrevivido al parto o habrían sufrido graves secuelas. Sin embargo, no podemos ignorar que muchas mujeres han vivido situaciones de maltrato durante el parto: falta de respeto, abuso físico, atención negligente, abuso verbal o intervenciones no informadas ni consentidas. Es lo que se conoce como violencia obstétrica, según la Organización Mundial de la Salud. Yo tuve un parto maravilloso, pero he escuchado a otras madres contar experiencias realmente traumáticas. Te las voy a ahorrar, pero sí me apetece contarte la que vivió mi madre durante mi nacimiento. Mi madre me cuenta que, ya en el expulsivo, entró un señor con bata blanca y le dijo a mi padre: «La vamos a dormir para que vaya más rápido». Ni siquiera se dirigió a ella. Según mi madre, lo último que recuerda fue gritar «Por favor, no me durmáis». No recuerda nada más: cuando despertó, yo ya estaba allí. Desconozco los motivos por los que la sedaron, mis padres tampoco lo saben, todo parecía normal, y el parto fue vaginal, instrumental, pero vaginal. Según me comentó una matrona, Blanca Herrera, probablemente le realizaron una práctica conocida como parto EVA (estimulación, ventosa y analgesia), que dejaba a las mujeres inconscientes mediante el pentotal sódico, robándoles así uno de los momentos más importantes de su vida.

Me he sentado a debatir con personas que condenan la violencia obstétrica, con personas que niegan que exista, y con personas que la ven como casos aislados y excepcionales y a quienes les incomoda que se generalice la palabra «violencia» y se asocie a la obstetricia. Yo no soy ni obstetra ni matrona, pero no quiero perder la oportunidad que me brinda este libro para llamar al diálogo basado en la escucha, la empatía y la evidencia.

¿QUÉ OCURRE HORMONALMENTE DURANTE EL POSPARTO?

Recordemos que la mayoría de las fluctuaciones hormonales que se producen durante el embarazo están mediadas por la placenta. Por lo tanto, el parto y la expulsión de esta cambian radicalmente el *milieu* hormonal. Tras el parto, todas las hormonas liberadas por la placenta se retiran del sistema circulatorio materno, incluidas la progesterona, el estradiol y la hormona liberadora de corticotropina placentaria. Los niveles de cortisol disminuyen también, aunque de forma algo más gradual. Y lo mismo ocurre con los niveles de oxitocina y prolactina, que descienden progresivamente durante los primeros meses después del parto. En el posparto, la síntesis y secreción de prolactina y oxitocina estarán vinculadas a la lactancia materna.

¿QUÉ OCURRE HORMONALMENTE DURANTE LA LACTANCIA?

Cuando el bebé mama, los nervios sensoriales del pezón envían información al cerebro. En respuesta a estos estímulos, la hipófisis libera prolactina y oxitocina.

La prolactina desencadena la producción de leche por parte de las células mamarias. Durante el embarazo, los niveles elevados de estrógenos y progestágenos bloquean su acción, pero, tras el parto y la caída de estos, la prolactina se desbloquea y empieza la secreción de leche. Esta hormona se libera cuando el bebé succiona el pezón y alcanza sus niveles máximos a los treinta minutos de la toma. Amamantar con frecuencia favorece la producción de leche: cuanto más succione el bebé y más estimule el pezón, más prolactina y más leche se producirán, sobre todo durante las primeras semanas. Además, los niveles elevados de prolactina disminuyen las posibilidades de un nuevo embarazo, pero, cuidado, porque no lo previenen por completo.

La oxitocina desencadena la contracción de las células

mioepiteliales que rodean los alveolos productores de leche. Dicha contracción impulsa la leche almacenada hacia los conductos y facilita su flujo durante la lactancia. La liberación de oxitocina responde a señales sensoriales de succión, pero el reflejo de eyección puede ser condicionado fácilmente. Por ejemplo, las madres puérperas pueden experimentar la eyección de leche en respuesta a estímulos previamente asociados con la succión, como el llanto del bebé. Es común que este reflejo se active incluso solo por el contacto con su piel. Aunque esto es común, no ocurre siempre.

Al igual que mi parto fue maravilloso, mi experiencia con la lactancia fue un verdadero desastre. La banda sonora de mi posparto fue el sonido del sacaleches, que nunca se llenaba lo suficiente. Durante los seis meses en los que luché por la lactancia, lloraba casi a diario, no solo por el dolor físico, sino también, y sobre todo, por la incapacidad de alimentar a mi hija y la preocupación de que esto afectara a nuestro vínculo. En algunos manuales leía: «Todas las mujeres pueden dar el pecho, solo es cuestión de intentarlo». Si bien es cierto que la mayoría puede, yo lo intenté y no lo logré, a pesar de haberme informado y haber consultado con varias asesoras de lactancia. Os comparto mi experiencia porque creo que puede ayudar a otras mujeres si su embarazo, parto o posparto no han sido como esperaban. También para recordar a aquellas que aún no son madres que es difícil que todos los sucesos que abarca la maternidad se desarrollen tal y como deseamos. Estadísticamente, es normal que algunos de los múltiples factores que inciden en ellos se desbarajusten. Durante la maternidad, suceden cosas que se escapan de nuestro control y, por tanto, no son responsabilidad nuestra, así que fuera culpabilidad.

7. Variables psicológicas y ambientales

En las secciones anteriores hemos hecho hincapié en los aspectos biológicos, especialmente hormonales, que sostienen el embarazo, el parto y el posparto. Sin embargo, no debemos olvidar que estas adaptaciones biológicas interactúan con variables ambientales, especialmente en las personas, cuya existencia está entretejida en un complejo entorno histórico, social y cultural. Se sabe que los factores que mejoran el bienestar de la madre durante el embarazo, como las técnicas de reducción de estrés estilo *mindfulness*, ayudan a prevenir complicaciones gestacionales, entre ellas, el bajo peso al nacer del bebé (menos de 2,5 kg).

Del mismo modo, las variables psicológicas y ambientales que promueven el bienestar y la seguridad de la madre durante el parto ayudan a que la compleja sinfonía hormonal e inmune que lo desencadena se ejecute correctamente. Sabemos que aspectos como la percepción del trato recibido o la comodidad de la sala facilitan el proceso y mejoran la experiencia de parto. A su vez, dicha experiencia repercute en el posparto e incide, por tanto, en la salud mental y en la vinculación con el bebé.

Durante el posparto temprano, algo tan simple como el contacto piel con piel entre madre y bebé disminuye el estrés de ambos y favorece el vínculo y la lactancia. Retomaremos este periodo sensible de las primeras horas tras el parto en el siguiente capítulo. Por ahora solo mencionaré que dicho efecto parece asociarse con los niveles de oxitocina. Sorprende pensar que tan solo veinte años atrás —o incluso menos en algunos centros hospitalarios de nuestro país— ese contacto piel con piel durante las primeras horas del bebé no se realizase. Y sorprende aún más rememorar los protocolos que se llevaban a cabo cuando yo nací. En aquel entonces, en gran parte de los hospitales españoles, las guías dictaban llevar a los recién nacidos a una habitación separada de las madres, los llamados nidos. Allí pasaban, pasábamos, la mayor parte del tiempo, a excepción de las horas de lactancia pautadas, con la excusa de permitir que «la madre descansase».

Por suerte, estas directrices se están adaptando a pasos agigantados en función de las nuevas evidencias científicas. Recientemente, por ejemplo, la Organización Mundial de la Salud ha establecido unas nuevas guías para mejorar la supervivencia y salud de los niños prematuros o con bajo peso al nacer.[7] En ellas se aconseja el contacto piel con piel inmediatamente tras el parto, antes incluso de entrar en la incubadora. Este método de cuidado, llamado método canguro, nos ha regalado la preciosa lección de que, en ocasiones, la mejor tecnología para la supervivencia de estos bebés es el calor y el amor que se desprende de la piel de la madre. Como dice uno de los referentes en este campo de estudio, Nils Bergman, «el cuerpo de la madre es el hábitat del recién nacido».

7. <https://www.who.int/publications/i/item/9789240058262>.

Recapitulemos: en esta sección hemos definido qué son las hormonas y hemos visto como estas pequeñas moléculas mensajeras son necesarias para la comunicación y regulación de nuestro cuerpo, nuestro cerebro y nuestra mente. En el contexto de la maternidad, podemos decir que las hormonas esteroideas (estrógenos, progestágenos y cortisol) y la prolactina aumentan durante el embarazo y disminuyen tras el parto. Sin embargo, la dinámica de la oxitocina parece acotarse principalmente al pico en el momento del parto. Durante el posparto, la secreción de oxitocina y prolactina viene marcada por los episodios de lactancia y por la interacción entre la madre y el bebé.

La pregunta ahora es la siguiente: ¿existe alguna relación entre los cambios hormonales durante el embarazo y la conducta maternal? ¿Son las hormonas las «responsables» de que nuestro cerebro cambie con la maternidad?

Capítulo VI

¿Qué nos pueden enseñar las madres del reino animal?

Never get between a bear and her cubs.
(Nunca te interpongas entre una osa y sus cachorros).

Dicho popular

De pequeña me encantaban los documentales de animales. No apartaba los ojos del televisor, excepto en los momentos de caza y depredación. Entonces sí, solía taparme la cara con las manos y comprobar mirando entre los dedos si había terminado la escena. Lo que más me cautivaba de esos documentales eran las secuencias en las que aparecía una madre con sus crías. Me fascinaba ver cómo las madres acicalaban, amamantaban, acurrucaban, protegían o transportaban a sus pequeños. La misma entrega y devoción incondicional se repetía programa tras programa, en todas las especies, ya fueran lobas, pandas, elefantas, lémures, leonas, chimpancés u ovejas. Resulta revelador ver lo mucho que nos parecemos las madres del reino animal, en especial las mamíferas. Pero antes de adentrarnos en los mamíferos, adoptemos una visión más panorámica de la conducta maternal y paternal en todos los animales.

1. Cuidado maternal en las diferentes especies del reino animal

En el 95 % de los mamíferos es la madre la que cuida a sus crías —en parte, porque la supervivencia de estas depende de la lactancia materna—, mientras que el padre se desentiende o incluso las ataca. En el 5 % restante, los padres están implicados en algún tipo de cuidado; en ocasiones, son los cuidadores principales. Por ejemplo, los monos tití cargan a sus crías durante toda su infancia, mientras que la madre solo se acerca para amamantarlas.

En otras especies no mamíferas, como algunos peces, lo común es que el padre sea el cuidador principal o incluso el único. En ciertos tipos de peces, los machos que cuidan de sus crías son los más deseados por las hembras; algunos investigadores sugieren que ese es el motivo por el cual se esmeran en ser «buenos padres», porque les facilita el apareamiento sexual.

Las estrategias de apareamiento juegan un papel importante en el cuidado parental. Por ejemplo, en especies monógamas, aquellas que mantienen la misma pareja durante largos periodos o incluso de por vida, suele presentarse una estrategia de crianza biparental. Es decir, el cuidado de las crías se reparte entre la madre y el padre. Algunos primates, como los gibones o los tamarinos, son monógamos y biparentales. ¿Y los humanos? Sin profundizar ni matizar demasiado, podríamos decir que los humanos se consideran, por lo general, una especie monógama.

En el caso de las aves, claramente predomina el apareamiento monógamo y la conducta biparental: el 90 % son monógamas y tanto la madre como el padre están implicados en la crianza, que en su caso conlleva la creación del nido, la incubación de los huevos o la alimentación. Pero no todas las aves son «buenos padres». Hay algunos, como el cuco o el críalo, que no presentan ni cuidado biparental, ni parental, ni maternal; su crianza se basa en una estrategia llamada parasitismo de cría.

El parasitismo de cría consiste en que la hembra pone su huevo en otro nido y se pira. Tal cual. En el caso del cuco, por ejemplo, suele desperdigar sus huevos por diferentes nidos de aves más pequeñas, como los petirrojos. La cría de cuco, que es exageradamente más grande que las de petirrojo, se hace con el control del nido eliminando a sus hermanos adoptivos. El cuco es más grande incluso que la madre a la que parasita. Resulta cómico ver a una madre petirrojo alimentar a la cría de cuco, que le dobla el tamaño. Te animo a que busques alguna foto en internet. Parecen escenas extraídas de un gag humorístico en el que un adolescente grandote grita desde el sofá con voz grave: «¡Mamáááá, tengo hambreee!».

Ahora sí, volvamos a la conducta maternal en mamíferos; en concreto, en los que gestan mediante placentas: los llamados mamíferos placentarios.

TIPOS DE MAMÍFEROS

Dentro de los mamíferos encontramos a los mamíferos placentarios, que son los más conocidos, pero no los únicos. También están los monotremas, que son mamíferos que ponen huevos, como el ornitorrinco, o los marsupiales, que dan a luz fetos inmaduros que se desarrollan en una bolsa externa, como los canguros o los koalas.

---

2. El cuidado maternal en mamíferos placentarios

Los elementos esenciales que componen el cuidado maternal en mamíferos trascienden las barreras entre especies. Nos resulta fácil empatizar con las caricias, los juegos, los abrazos o las miradas entre una madre y su cría porque, en esencia, esos gestos proceden del mismo lugar, de la misma motivación. Por eso tienen tanto éxito los vídeos de mamás no humanas interactuando con sus crías.

Obviamente, la forma en la que se manifiesta la conducta maternal tiene componentes específicos de cada especie; los humanos no transportamos a nuestras crías con la boca y, por lo general, no las lamemos para limpiarlas como hacen las leonas (aunque a veces nos apetezca). Pero detrás del comportamiento de una mamá leona, de una mamá rata o de una mamá humana existe una motivación común: el deseo de estar en contacto con sus crías y la necesidad de salvaguardar su bienestar.

Es esta motivación primigenia y el sustrato neuronal que la sostiene la que está evolutivamente conservada en las diferentes especies de mamíferos placentarios. Sin ella, la mayor parte de las especies que habitan nuestro planeta se habrían extinguido. Si las madres no sintiésemos la necesidad de estar en contacto con las crías y de asegurar su supervivencia, estas, sobre todo aquellas que nacen completamente inmaduras, como las humanas, morirían y la especie se extinguiría. Así de fácil y así de rotundo. Las madres podemos estar orgullosas de proclamar que la conducta maternal es la esencia de la vida tal y como la conocemos hoy en día.

3. ¿Cómo se define en neurobiología la conducta maternal?

Desde la neurobiología, la conducta maternal se define como un cambio en el repertorio comportamental del animal dirigido a asegurar el bienestar físico y psíquico de las crías. En el reino animal, estos patrones comportamentales se consideran instintivos; es decir, un proceder esencial para la supervivencia de la especie que se pone en marcha de forma automática ante determinados estímulos y que muestra elementos comunes y recurrentes, o estereotípicos, entre los miembros de una misma especie.

Parémonos un segundo a reflexionar sobre este componente instintivo de la conducta maternal utilizando como ejemplo a las ratas. Una rata tiene un encuentro sexual. Aproximadamente veintiún días después, empieza a notar una respuesta fisiológica de malestar que culmina con la expulsión de unos pequeños elementos que emiten ruiditos y se mueven más bien poco: las crías. A esa mamá rata nadie le ha contado lo que tiene que hacer para parir o para ser madre; muy probablemente, ni siquiera fuera consciente de que estaba embarazada e iba a dar a luz. Sin embargo, los cambios fisiológicos y hormonales durante el embarazo, junto con la presencia de sus crías en el posparto, generan de forma automática una serie de conductas, las mismas en todas las mamás rata, que incrementan la probabilidad de que las crías sobrevivan. Gracias a esta respuesta instintiva, perpetuada y transmitida de generación en generación, estos animales siguen hoy en día en la faz de la tierra.

Las bases neurobiológicas de la conducta maternal se han estudiado especialmente en ellas, en las ratas. En estos roedores, el cambio conductual tras ser madres es muy marcado. Las ratas que no son madres ignoran, evitan o incluso atacan a las crías. En cambio, las mamás rata despliegan toda una serie de comportamientos que pueden observarse incluso antes de dar a luz. Por ejemplo, al final del embarazo, las futuras madres muestran un menor interés social hacia miembros adultos y empiezan a interesarse por las crías que poco antes les resultaban molestas y rechazaban. Días antes del parto, la rata embarazada centra sus esfuerzos en la construcción del nido, ese lugar seguro en el que agrupará, alimentará y cuidará a su camada cuando nazca.

Tras el parto y en presencia de las crías, el cambio conductual y cerebral que también se ha ido gestando durante el embarazo se despliega en su totalidad. La mamá rata, lejos de ignorar a las crías, siente una inmensa atracción por los estímulos sensoriales (olfativos, gustativos, auditivos, visuales o táctiles) que proceden de estas. Las crías se convierten en lo más relevante y apetitivo para la madre, son el elemento que guiará toda su conducta. La atracción que la madre siente por las crías la empuja a buscarlas, a agruparlas y a estar en contacto con ellas el mayor tiempo posible. A partir de este contacto surgen de forma espontánea conductas esenciales para la supervivencia y el bienestar de las pequeñas. Hablamos de amamantarlas, proporcionarles calor, lamerlas, limpiarlas y acicalarlas.

Junto con la devoción por las crías aparece la agresividad dirigida a proteger a su camada frente a extraños potencialmente peligrosos. De ahí viene la frase popular de «Nunca te interpongas entre una osa y sus cachorros» u otra que también he escuchado muchas veces: «No hay mayor agresividad que la maternal».

Reitero que se trata de un conjunto de conductas relativamente complejas que no estaban presentes antes del embarazo y el parto y que incrementan las probabilidades de que la prole sobreviva, se desarrolle correctamente, se reproduzca y perpetúe la especie.

Tal vez hayas identificado ciertos paralelismos entre la conducta maternal en ratas y en humanos. Es posible que la construcción del nido te recuerde al deseo que algunas madres sienten por preparar la habitación del bebé antes de su llegada. Seguramente también hayas notado similitudes en cuanto a la necesidad de estar en contacto con las crías y la capacidad de estas para cautivar la atención materna y guiar su conducta, ese «no existe nadie ni nada más en el mundo» que desprenden las díadas madre-hijo. Incluso es posible que hayas apreciado que la agresividad defensiva también está muy presente en las madres humanas, aunque a veces intentemos disimularla por motivos sociales y culturales. En referencia a esto, me vienen a la cabeza varios testimonios de mamás preocupadas por sentir malestar y desconfianza cuando algún familiar tomaba al recién nacido en brazos. En concreto, me acuerdo de una que literalmente decía: «Me arde la sangre cuando mi suegra coge al bebé, tanto que tengo que mirar para otro lado». El tema de la relación con las suegras daría para otro libro. Pero no nos adelantemos, sigamos con los animales no humanos.

Para las ratas madre, sus crías son el bien más preciado. Después del parto, y en especial durante las primeras semanas posparto, solo desean estar en lugares donde puedan interactuar con ellas. Los investigadores han medido la fuerza de este deseo llevando a la rata madre a situaciones extremas y evaluando hasta qué punto está dispuesta a arriesgarse por estar en contacto con las crías. Por lo visto, la necesidad de una madre por estar con la camada parece no tener límite.

Os pondré algunos ejemplos. Una madre rata hambrienta prefiere estar con sus crías a estar en una sala con comida. Lo mismo ocurre con ratas a las que se les ha generado adicción a la cocaína: eligen estar con ellas antes que recibir una dosis de la droga. En la misma línea, si una rata madre se encuentra en una situación donde debe arriesgarse para proteger a sus crías, no duda en hacerlo. Así de poderosa es la devoción de una madre.

Si estás interesado en presenciar un ejemplo de este acto heroico de agresividad maternal defensiva, te recomiendo buscar en la web un vídeo de National Geographic, «Mother Rat Saves Baby from Snake». En él, se puede apreciar la valentía de una rata madre que pone en peligro su vida para salvar a su cría de una serpiente.[8] La naturaleza, y los vídeos de internet que la inmortalizan, está plagada de ejemplos en los que la conducta maternal en el reino animal prioriza la supervivencia de la especie a la del propio individuo.

Y aprovechando que ya te he animado a buscar vídeos, te invito también a comprobar cuán marcado es el cambio conductual entre una hembra que es madre y una que no lo es: ver para creer. Para ejemplificar dichos cambios, en mis clases suelo mostrar vídeos de un experimento realizado en ratones por la investigadora Bianca Marlin, de la Universidad de Harvard. En uno de ellos, los investigadores sitúan a una cría desvalida en el cubículo con una ratona virgen y se observa la reacción de esta última. La ratona que no ha sido nunca madre ignora y evita a la cría; en algunas ocasiones, incluso llega a atacarla. Se repite el mismo experimento, pero esta vez introduciendo en el cubículo a una ratona madre. En este caso, la conducta es completamente diferente. La ratona madre se acerca a la

8. <https://www.youtube.com/watch?v=3-NRKLGu7qk>.

cría, la recoge y la lleva rápidamente al nido, donde iniciará todas las tareas de amamantamiento y acicalamiento de las que hemos hablado antes.

El estudio de la doctora Marlin me sirve también para reflejar el papel de las hormonas y el cerebro en todas estas conductas. Sorprendentemente, si se repite el experimento con una ratona virgen a la que previamente se le ha inyectado oxitocina en ciertas partes del cerebro, la misma ratona que antes ignoraba a la cría, ahora se acerca a ella, la recoge y la lleva al nido; es decir, se comporta tal y como lo haría una ratona madre.[9]

4. Hormonas y conducta maternal en roedores

En el capítulo anterior nos preguntábamos si todas esas intrincadas fluctuaciones hormonales tenían algo que ver con la conducta maternal. La respuesta es sí; al menos en animales no humanos, su relación está demostrada. Los estudios en roedores, especialmente en ratas, confirman que la conducta maternal está regulada por hormonas. No se trata de un descubrimiento nuevo, lo sabemos desde hace más de medio siglo. En 1972, los investigadores Terkel y Rosenblatt, de Rutgers University, en Estados Unidos, transfundieron sangre de una hembra embarazada a una hembra virgen y observaron cómo esta última

9. Puedes ver los vídeos consultando el material suplementario de la siguiente publicación: Marlin, B., Mitre, M., D'amour, J. *et al.* «Oxytocin enables maternal behaviour by balancing cortical inhibition», *Nature*, n.º 520, pp. 499-504, 2015, <https://doi.org/10.1038/nature14402>.

empezaba a comportarse maternalmente. ¿Qué había en la sangre de la primera rata para inducir «maternidad»?

Hoy sabemos que administrando un régimen hormonal similar al del embarazo se facilita el inicio de la conducta maternal en ratas que nunca han sido madres.

Con estos estudios empezaron a sentarse las bases del cerebro maternal. Uno de los referentes en el campo fue el profesor, ya retirado, Michael Numan, de la Universidad de Nuevo México-Albuquerque. En su libro *The Parental Brain*, el profesor Numan integra sus avances con los de otros científicos destacados del cerebro parental en roedores y otras especies. Frances Champagne, Jodi Pawluski, Benedetta Leuner, Joseph Lonstein, Catherine Dulac, Dave Grattan, Oliver Bosch, Lisa Galea, Paula Brunton o John Russell son algunos de los nombres de la larga lista de investigadores cuyas contribuciones han sido cruciales en esta área. Gracias a su aportación, tenemos un modelo bastante sólido, que explica la relación entre las hormonas, el cerebro y la conducta maternal. Pese a que el modelo está formulado en ratas y ratones, ciertos componentes parecen extrapolarse a otras especies, incluida la humana.

¿Y cómo sabemos los investigadores que ciertas hormonas o partes del cerebro son importantes para la conducta maternal? Simplificando enormemente la metodología detrás de los estudios en roedores, encontramos tres aproximaciones principales: 1) estudios que comparan el cerebro de ratas que no son madres con el de ratas madres en diferentes momentos de la gestación o el posparto, y evalúan si las diferencias se asocian a variables hormonales; 2) estudios que estimulan o inhiben ciertas partes del cerebro de la rata para ver cómo afecta a la conducta maternal; 3) estudios que administran a una rata que no es madre un régimen hormonal que imita al del embarazo para ver sus efectos a nivel cerebral y conductual.

Todos estos estudios implican el sacrificio del animal para analizar celular y molecularmente su cerebro. Entiendo que para quien no está acostumbrado a leer sobre el uso de modelos animales en biomedicina, estos sacrificios requieren una breve explicación que resumo en el siguiente cuadro:

EL USO DE ANIMALES EN INVESTIGACIÓN BIOMÉDICA

La biomedicina actual se sustenta en la investigación realizada en modelos animales no humanos, en especial en roedores. Se utilizan para inferir las bases de diversos procesos fisiológicos, así como para descifrar la etiología de patologías asociadas a estos y desarrollar tratamientos para prevenirlas o curarlas. Actualmente, existe un acalorado debate ético sobre el uso de animales para investigación biomédica.

En un lado del debate están los que lo defienden recordando que la mayor parte de los medicamentos y tratamientos actuales se desarrollaron con la ayuda de estos modelos. Gracias a ellos, argumentan, se descubrieron los antibióticos, la insulina o las vacunas y se desarrollaron técnicas quirúrgicas, incluyendo el trasplante de órganos. Por poner algún ejemplo, hoy en día podemos curar algu-

---

nos casos de leucemia infantil gracias a la investigación animal.

En el otro extremo del debate se encuentran académicos que cuestionan la supremacía de la especie humana para utilizar a otras especies a su servicio, un fenómeno conocido como especismo, que se define como la creencia de que el ser humano es superior al resto de los animales y por ello puede utilizarlos en beneficio propio, ya sea para la industria alimentaria o para la biomedicina.

En mi grupo de investigación no utilizamos modelos animales, pero sí nos nutrimos del conocimiento derivado de estos. No es mi objetivo debatir sobre estos temas, pero siento la responsabilidad de presentar los dos extremos argumentales. Creo firmemente que la posibilidad de debatir y, sobre todo, de escuchar argumentos opuestos es siempre enriquecedora. De hecho, en este caso, el debate ha promovido la creación de buenas prácticas en la investigación animal que minimizan el número de animales utilizados y el sufrimiento de estos, así como la búsqueda de alternativas que algún día puedan desterrar esta práctica.

5. ¿Cómo se activa el circuito maternal en ratas?

La motivación maternal y el circuito cerebral que la sustenta pueden activarse de dos formas distintas: mediante las fluctuaciones hormonales gestacionales y mediante la interacción con las crías.

Las hormonas del embarazo, en especial las presentes durante el periparto, desempeñan un papel crucial en el inicio del comportamiento materno. Estas moléculas mensajeras se unen a receptores específicos en una región del hipotálamo llamada área preóptica medial, que actúa como la puerta de entrada al circuito materno. Quedaos con el nombre, porque nos referiremos a esta región varias veces a lo largo del capítulo.

Durante el embarazo, el área preóptica medial se va plagando de receptores de estrógenos, prolactina y oxitocina. Sin embargo, los niveles altos de otra hormona, la progesterona, impiden la unión de las mencionadas hormonas a sus receptores. Al final del embarazo, cuando la progesterona cae en picado, las hormonas por fin se unen a los receptores y el área preóptica medial se activa. Podemos imaginarnos los receptores como cerraduras y las hormonas como llaves capaces de abrir la puerta del área preóptica medial y desencadenar una serie de cambios cerebrales que darán lugar al inicio de la conducta maternal.

Una vez la puerta del área preóptica medial se abre, suceden dos cosas: el circuito cerebral del rechazo se inhibe y el circuito cerebral del refuerzo se activa.

Hemos visto que las ratas no madres suelen rechazar a las crías. Pues gracias a la acción de las hormonas en el área preóptica medial este rechazo desaparece. En el ámbito neuronal, lo que ocurre es que se inhibe un circuito que comunicaba ciertas partes del hipotálamo con ciertos núcleos de la amígdala y de la sustancia gris periacueductal que señalizaban a las crías como altamente desagradables y molestas y que, en consecuencia, ponían en marcha una respuesta defensiva de lucha o huida. Una vez «desactivado» este circuito, la aversión hacia las crías desaparece y el animal ya no siente el instinto de evitarlas o atacarlas.

En paralelo a la desactivación del circuito del rechazo, se produce la activación del circuito del refuerzo, el circuito mesolímbico dopaminérgico, el Eros de nuestra Psique. Como hemos visto en el capítulo IV, este circuito comunica el área tegmental ventral con el núcleo accumbens utilizando como neurotransmisor principal la dopamina. El circuito mesolímbico dopaminérgico está implicado en el procesamiento de la motivación, el placer, el refuerzo y las conductas adictivas. La activación del área preóptica medial hace que la liberación de dopamina en el circuito del placer esté sujeta a la presencia de las crías. Como resultado, las crías se convierten en el estímulo apetitivo más relevante para la madre, que reorganizará todo su repertorio conductual para atender su nueva motivación: estar en contacto con las crías y salvaguardar su bienestar.

Podemos romantizar esta idea diciendo que la madre «se enamora» de las crías y, en parte, estaríamos en lo cierto, pero debemos matizar. Estar con las crías es lo que más motiva a la madre, pero eso no significa que sea lo que más placer le produce. Recordad la distinción que hacíamos entre el deseo y el placer. La liberación de dopamina en presencia de las crías hace que la madre desee estar con ellas y, cuando ese deseo se materializa, suele sentir placer, pero no necesariamente ha de ser así.

En resumen y a grandes rasgos, podemos decir que la activación hormonal del área preóptica medial modifica la relevancia y el tono emocional de los estímulos de las crías, que pasan de ser irrelevantes, aversivos o molestos a ser altamente relevantes, deseables y, por lo general, placenteros para la madre.

De todas las neuronas del área preóptica medial, las más importantes para la conducta maternal son las llamadas neuronas de galanina, unas neuronas que utilizan la molécula que les da nombre —la galanina— para comunicarse.

Parece sorprendente pensar que algo tan complejo como la conducta maternal pueda depender de que las hormonas activen un pequeño grupo de neuronas de una pequeña parte del hipotálamo, que, a su vez, no es más que una pequeña parte del cerebro. Sin embargo, las investigaciones demuestran que, al menos en ratones, la activación de las neuronas de galanina del área preóptica medial del hipotálamo es necesaria y suficiente para poner en marcha la conducta maternal, inhibiendo el circuito del rechazo y activando el del refuerzo.

En una serie de experimentos publicados en *Nature* en 2014 y 2018, los investigadores del grupo de Catherine Dulac, de la Universidad de Harvard, demostraron que la conducta maternal desaparecía automáticamente si «apagaban» las neuronas de galanina. También probaron que, si «encendían» dichas neuronas en hembras vírgenes o en machos, estos pasaban de atacar a las crías a comportarse rápidamente de forma maternal/parental, recogiéndolas, agrupándolas y acicalándolas.

En palabras de la propia Dulac, «la activación de estas neuronas convierte a adultos agresivos en padres amorosos».

De nuevo, si lo deseas, puedes comprobar con tus propios ojos cómo la manipulación de las neuronas de galanina incide en la conducta maternal consultando los vídeos que se incluyen como material suplementario en una de las publicaciones de esta investigadora.[10] Como verás, se trata de un efecto tan evidente como el que se produce cuando se enciende o apaga el interruptor de la luz.

PUBLICACIÓN DE AMMARI *ET AL. SCIENCE*, 2023

Uno de los investigadores que se formó con Catherine Dulac, Johannes Kohl, del Francis Crick Institute, en el Reino Unido, ha seguido profundizando en el papel de las neuronas de galanina en la conducta maternal. En el momento en el que escribo esta sección (octubre de 2023), ha salido a la luz una publicación de su equipo en la prestigiosa revista *Science*. Esta publicación, cuya primera autora es Rachida Ammari, demuestra que los niveles de estradiol y progesterona durante el embarazo modifican la forma y la función de las neuronas de galanina y las preparan para que respondan de forma persistente y selectiva a los estímulos de las crías.

En concreto, este estudio indica que el estradiol silen-

---

10. <https://www.nature.com/articles/s41586-018-0027-0#Sec30>.

cia algunas de las neuronas de galanina a la vez que potencia otras, es decir, elimina el ruido de fondo para dar voz a las neuronas que responderán de forma específica a los estímulos de las crías. Por su parte, la progesterona promueve la formación de conexiones sinápticas entre estas neuronas de galanina y otras células cerebrales.

Los estudios de Dulac y de otros investigadores también evidenciaron que la conducta parental se puede inducir en ratones macho activando sus neuronas de galanina, lo que prueba que las bases neuronales de dicha conducta están presentes en ambos sexos; solo es cuestión de «encender» las neuronas adecuadas. En los machos estas neuronas permanecen «apagadas», por lo que el animal sigue teniendo activado el circuito de agresión y desactivado el de la motivación. En cambio, en hembras madres, las hormonas procedentes de la placenta (estrógenos y progestágenos) preparan el cerebro durante el embarazo para que las neuronas de galanina se «enciendan» rápida y selectivamente ante estímulos procedentes de las crías. Por suerte, como veremos en la sección siguiente, aparte de las hormonas del embarazo, hay otros mecanismos para activar la conducta maternal en machos y hembras no gestantes.

En conjunto, todos estos estudios indican que las hormonas procedentes de la placenta envían instrucciones al hipotálamo materno indicándole que, tras el parto, además de encargarse de regular aspectos esenciales para el bienestar y la supervivencia del individuo, como el hambre o la sed, también deberá dedicar un grupo de neuronas, en concreto una subpoblación de neuronas de galanina del área preóptica medial, a asegurar el bienestar y la supervivencia de las crías.

La interacción con las crías

Como acabamos de ver, las hormonas del embarazo son necesarias para activar el circuito maternal de forma rápida. Sin embargo, una vez se ha activado, la conducta maternal se mantiene gracias a los estímulos procedentes de las crías. En otras palabras, una vez las hormonas de la gestación se aseguran de que la prioridad de la madre es estar en contacto con las crías, su contribución finaliza y la conducta maternal pasa a depender de la interacción con ellas.

El contacto con las crías y, más concretamente, los estímulos sensoriales procedentes de estas son captados por los receptores sensoriales. De ahí se dirigen a las cortezas cerebrales sensoriales (auditivas, visuales, táctiles, olfativas y gustativas), que proyectan a las cortezas de asociación, incluida la prefrontal medial. Por el camino activan ciertos núcleos de la amígdala. Recordad que esta no solo está implicada en la respuesta de lucha, ataque o huida (las tres efes (en inglés): *fight, flight or freeze*), sino que también marca los estímulos que son emocionalmente relevantes para facilitar su recuerdo. El tono positivo o negativo lo determina el núcleo concreto de la amígdala y con qué región se comunique en ese momento.

Puesto que se ha inhibido el circuito del rechazo y activado el del refuerzo, la colaboración entre la amígdala y las regiones corticales contribuye a dar relevancia emocional, en este caso positiva, a los estímulos procedentes de las crías a la vez que facilita la formación de memorias emocionales y el aprendizaje. En conjunto, todas estas regiones retroalimentan la activación del circuito maternal, manteniendo así la conducta maternal y adaptándola a las necesidades cambiantes de las crías.

La conducta maternal varía a lo largo del tiempo: no requiere lo mismo ni en la misma intensidad una cría de dos días que una de dos semanas. La madre debe adaptar su comportamiento a lo que las crías precisan; por eso es importante que, en última instancia, sean los estímulos procedentes de ellas los que le informen sobre cómo actuar, sobre lo que necesitan para su bienestar y supervivencia. La madre irá amoldándose y aprendiendo durante todo el proceso en función de la respuesta de las crías a sus acciones. Dicho aprendizaje se refleja también en cambios en el hipocampo, que, como hemos visto, es una región clave para la memoria.

Aprovecho para introducir ya aquí una idea a la que volveremos más adelante: ciertos aspectos de la maternidad son instintivos, pero otros deben aprenderse sobre el terreno, maternando e interactuando con las crías. Y esto es así incluso para las ratas.

6. La importancia de las primeras horas posparto

La interacción con las crías es especialmente relevante al inicio del posparto. Existe un periodo de tiempo sensible justo después del parto en el que el contacto entre la madre y las crías es crucial para establecer la conducta maternal. Si las crías recién nacidas son separadas de la madre durante los primeros días de vida, esta no responderá maternalmente cuando vuelva a reencontrarse con ellas, si no que actuará como lo haría una rata virgen. Sin embargo, si la separación se produce tras ese periodo sensible, pongamos una semana después del parto, la madre se comportará de forma maternal al reunirse con sus crías. Estos hallazgos sugieren que las hormonas preparan el cerebro para el contacto temprano; en otras palabras, crean una ventana temporal alrededor del parto en la que el cerebro de la madre estará especialmente plástico y receptivo a la interacción con las crías.

Pese a que estamos hablando de estudios en ratas, es probable que extrapoles estos comportamientos directamente a humanos y te preguntes qué sucede con aquellas madres que no han podido estar con sus bebés durante las primeras horas posparto. Es más, es común en mis charlas que alguna madre exprese su desasosiego o incluso dude de su habilidad para maternar por haberse perdido este periodo sensible. En concreto me viene a la cabeza la historia de una buena amiga que, por complicaciones durante el parto tuvo que estar durante los primeros cinco días sin conocer a su bebé y le atormentaba haber perdido para siempre la posibilidad de vincularse con él. Es cierto que una de las evidencias que sustentan el método «piel con piel» es la importancia de la interacción temprana para establecer el vínculo y la lactancia. Pero dejemos esto claro: la interacción temprana contribuye a la relación entre una madre y su hijo, pero no la determina. Como en el resto de los aspectos que influyen en nuestra salud, la partida la juegan factores de riesgo y factores protectores que decantarán la balanza hacia un lado u otro. Y, *a priori*, por lo general, el desequilibrio a favor de unos u otros suele ser temporal y reversible. Una cesárea programada, sin piel con piel y sin lactancia pone las cosas un poco más difíciles, pero no imposibles. De hecho, creo que lo difícil en nuestra especie es impedir de manera permanente y total el impulso de una madre por vincularse con su hijo.

Decíamos que los cambios en el cerebro maternal están producidos por las fluctuaciones hormonales y la interacción con el bebé. Las primeras prepararan el cerebro para que se torne más plástico y priorice los estímulos procedentes de las crías; la segunda ejercerá presiones para moldearlo y adaptarlo a las demandas de la nueva etapa.

Para ejemplificar el papel de las hormonas y de la interacción con las crías en el cerebro maternal suelo utilizar el símil de la alfarería. Las hormonas de la gestación y el parto serían como el agua con la que humedecemos el barro y la interacción con las crías sería la presión que ejercemos con nuestros dedos sobre la pieza de arcilla para moldearla y adaptarla, para «aprender a maternar». Cuanto más tiempo pase entre la lluvia hormonal y las presiones ejercidas por las crías, menos maleable será nuestra pieza de arcilla, es decir, menos plástico será nuestro cerebro para responder a los estímulos procedentes de las crías y aprender de ellas.

7. Sensibilización maternal a las crías

¿Qué ocurre si no humedecemos la pieza de arcilla con las hormonas gestacionales? ¿Podremos conseguir un cerebro maternal sin pasar por un embarazo? Sí, pero aquí ya pasaríamos del moldeado de la alfarería al tallado en piedra. La escultura final cumplirá con la misma función, pero tardaremos más en conseguirla.

En ausencia de las hormonas, los experimentos en ratas demuestran que la interacción con las crías puede inducir cambios cerebrales y activar la conducta maternal en hembras que nunca han sido madres. Como ya hemos mencionado, las ratas no madres suelen evitar o atacar a las crías, pero, si conviven de manera continua y controlada con ellas, se produce una transformación fascinante.

Más o menos a la semana de exposición a las crías, la rata no madre comienza a mostrar comportamiento maternal: construye el nido, recoge a las crías y asume una postura de amamantamiento, a pesar de que no puede producir leche. Este fenómeno se conoce como sensibilización maternal a las crías. En el cerebro, esta sensibilización utiliza rutas de acceso al circuito materno similares a las que usan las crías para mantener y adaptar la conducta maternal. Hablamos de regiones de la corteza sensorial y de asociación que proyectan a las áreas subcorticales del cerebro maternal (hipotálamo, amígdala, núcleo accumbens y área tegmental ventral, entre otras).

Obviamente, una semana es demasiado tiempo para que una cría sobreviva sin nadie que la cuide. La supervivencia de la especie no puede depender de la sensibilización de hembras que no son madres. Pero, dada la relevancia de la conducta maternal, es como si la naturaleza hubiese considerado que debe contar, al menos, con un plan B, por si la estrategia inicial falla. Si la madre no puede estar presente durante todo el posparto, las crías tienen una segunda oportunidad de sobrevivir —aunque remota— gracias a la sensibilización materna.

La sensibilización materna también puede inducirse en roedores macho utilizando las mismas rutas. En este caso, hablaríamos de sensibilización paterna. Aprovechando que hablamos de padres roedores, te hablaré de una publicación que cuando la leí me dejó de piedra. Vio la luz en 1985 y el título en español sería algo así como «Cambio temporal en el comportamiento infanticida y paternal inducido por la eyaculación en ratones macho». Recuerda que el infanticidio por parte del macho es común en estas especies. Pues bien, en este estudio, los investigadores observaron que, pese a que la mayoría de los ratones macho de laboratorio matan a las crías, la conducta infanticida desaparece entre los días doce y cincuenta tras el apareamiento y la consecuente eyaculación. Curiosamente, esta ventana temporal coincide con el tiempo de gestación en esta especie (aproximadamente, unos veinte días) y con el periodo de destete (aproximadamente, un mes). Durante ese corto periodo de tiempo, los machos, en lugar de matar a las crías, se comportan de forma paternal con ellas (construyen un nido, las recogen y acicalan y las cubren para mantenerlas calientes). A partir de los sesenta días tras el apareamiento, el infanticidio vuelve a aparecer. La supresión temporal del infanticidio en los machos probablemente proporcione un mecanismo adaptativo a nivel de transmisión genética: atacar por defecto a crías engendradas por machos competidores y, a la vez, cuidar de crías potencialmente suyas según su cálculo temporal. En lenguaje llano, si los ratones macho sospechan que las crías pueden ser suyas no se las cargan, pero si las cuentas no les salen las atacan y las matan.

Sorprendente, ¿verdad? Pero dejemos de lado a los machos y repasemos lo que hemos visto hasta ahora. Imaginemos que podemos adentrarnos en el cerebro y nos encontramos esa puerta plagada de candados llamada área preóptica medial. Como vimos, las primeras llaves necesarias para abrirla son las hormonas, en concreto, estrógenos, prolactina y oxitocina, que solo funcionan si la progesterona está baja. Una vez desbloqueadas las cerraduras hormonales, nos encontramos con otras que se abren mediante la interacción con las crías. Así, utilizando primero las llaves de las hormonas e inmediatamente después las de la interacción temprana con las crías, accedemos rápidamente al circuito y se pone en marcha la conducta maternal. En caso de no contar con las llaves de las hormonas, podemos activar el circuito maternal gracias a la interacción con las crías, pero debemos saber que este proceso nos llevará algo más de tiempo.

8. Cambios en la forma y el número de células cerebrales

Hasta ahora hemos visto cómo se activa el circuito cerebral que controla la conducta maternal en ratas. Estos cambios en la funcionalidad del circuito se acompañan de variaciones en la forma y el número de sus células cerebrales. Y digo células cerebrales en general, porque afectan no solo a las neuronas, sino también a las células gliales, como la microglía y los astrocitos. Se trata de adaptaciones dinámicas que varían en función de la región cerebral y del periodo de la maternidad que se estudie y que, habitualmente, se asocian a variables hormonales.

En general, cambia la cantidad de células y la forma de estas. Por mencionar uno de los cambios más llamativos, los estudios en ratones demuestran que cuando las crías nacen también nacen neuronas en el bulbo olfativo de la madre. En realidad, nacen incluso antes que las crías. En 2003, el investigador Tetsuro Shingo de la Universidad de Dokkio, Japón, constató que durante el embarazo se creaban nuevas neuronas en una región cerebral llamada zona subventricular, y de allí migraban y se integraban al bulbo olfativo. También detectó que este proceso estaba relacionado con los niveles de prolactina. En noviembre de 2023, otro estudio liderado por Zayna Chaker, de la Universidad de Basel, ha demostrado que estas nuevas neuronas que se dirigen al bulbo olfativo ayudan a la madre a reconocer los olores de sus crías.

Si deseas profundizar más en los diferentes cambios celulares que ocurren durante la maternidad, te recomiendo consultar la revisión que publicamos en *Nature Review Neuroscience* en octubre de 2023.

CAMBIOS CELULARES

Cambios que afectan a las neuronas:
- Diferencias en el número de neuronas que se crean y en el número de neuronas que sobreviven.
- Diferencias en el tamaño del soma (cuerpo) de las neuronas.
- Diferencias en la ramificación dendrítica, en la longitud de las dendritas y en el número de espinas dendríticas.

Cambios que afectan a la glía:
- Diferencias en el número de células microgliales.
- Diferencias en la forma de las células microgliales y de los astrocitos.

Como hemos mencionado, algunos de los cambios celulares revierten tras el destete, pero otros parecen perdurar de por vida. En inglés, hay una expresión muy conocida que dice «*Once a mother, always a mother*», que podríamos traducir como «Una vez que eres madre, eres madre para siempre». Así lo demuestran varios estudios, entre los que destacan los realizados por Alison Fleming y Robert Bridges. Se ha visto que las ratas que han sido madres tienen más facilidad de comportarse maternalmente con otras crías o en camadas sucesivas. Es decir, existe una memoria maternal tanto conductual como cerebral.

Además de los cambios neuroplásticos inducidos por las hormonas, el embarazo regala otro *souvenir* de por vida al cuerpo de la madre: los microquimerismos fetomaternales.

Los microquimerismos fetomaternales se definen como una forma especial de quimerismo[11] en la que un pequeño número de células del feto migra y se integra en los órganos maternos. Recordad que, durante el embarazo, la circulación de la madre y de las crías se comunica a través de la placenta, lo que permite el intercambio de nutrientes y de oxígeno, pero también de células. Durante la gestación, hay células con ADN fetal que atraviesan la placenta y circulan libremente por el torrente sanguíneo de la madre. La presencia de estas células con ADN fetal —junto con la ayuda del sincitiotrofoblasto— contribuye presumiblemente a que el sistema inmune de la madre se adapte durante el embarazo y no ataque al feto.

Hasta hace relativamente poco, se pensaba que las células con ADN del feto desaparecían tras el parto. Ahora hay evidencia de que no es así, sino que parecen integrarse en distintos tejidos de la madre, donde permanecen de por vida. Se han encontrado células con ADN fetal en el cerebro, en el corazón, en el hígado, en los pulmones o en el páncreas de la madre, entre otros órganos. Y aquí no solo hablamos de roedores. Los microquimerismos fetomater-

---

11. El término «quimera» se utiliza para describir algo que es una combinación o mezcla heterogénea de elementos diversos. En biología, una quimera se refiere a un organismo que contiene células de dos individuos genéticamente distintos.

nales se han observado en diferentes mamíferos placentarios, incluyendo los humanos.

Como te puedes imaginar, la existencia de este fenómeno, además de fascinar a la comunidad científica, ha generado una enorme cantidad de preguntas: ¿Tienen también las madres en sus tejidos células de bebés que fallecieron en el útero durante el embarazo? ¿Cómo consiguen las células fetales, o su ADN, atravesar la barrera hematoencefálica que protege nuestro cerebro? ¿Ocurre esto en todas las madres o depende de algún otro factor? ¿Contribuyen estas células a reparar tejidos dañados durante el parto? ¿Está relacionado este hecho con la mayor prevalencia de patologías autoinmunes en mujeres? Podríamos seguir así unas cuantas páginas más, ya que, por ahora, lamento decirte que tenemos más preguntas que respuestas sobre este tema. Lo que sí tengo claro es que, a raíz de estos hallazgos, la frase de «Una madre lleva siempre a su hijo en el corazón» ha cobrado un nuevo sentido para mí. Ahora significa: «Una madre lleva siempre el ADN de su hijo en las células de su corazón, de su cerebro, de su hígado...». Y también: «Una madre lleva siempre la mitad del ADN del padre de sus hijos en las células de su corazón, de su cerebro, de su hígado...».

9. La conducta maternal se hereda

Sí, la conducta maternal se hereda. La investigadora referente en este campo es Francis Champagne, de la Universidad de Texas (Estados Unidos). Una vez escuché una conferencia suya en la que explicaba su obsesión por controlar la rama familiar de la que procedían cada una de las camadas de ratas de su laboratorio. Gracias a ese control exhaustivo, detectó que aquellas crías que de pequeñas habían recibido más cuidado maternal, en la vida adulta proporcionaban más cuidados y de mayor calidad a su descendencia. Podríamos pensar que no se trata de algo tan sorprendente teniendo en cuenta que muchos de los rasgos se heredan genéticamente, ¿verdad? Pero ¿qué sucede si os digo que cuando se controlaba por aspectos genéticos, es decir, se cambiaba a las camadas para que fueran criadas por «madres adoptivas», se observaba el mismo efecto?

La doctora Champagne demostró que en la heredabilidad de la conducta maternal no solo influye la genética, sino también la epigenética. Los experimentos de Champagne probaron que las crías hembra que reciben más conducta maternal —medida a partir de la cantidad de lametones y acicalamientos que les proporcionan sus madres (ya sean genéticas o adoptivas)— sufren una serie de cambios epigenéticos que influyen en su comportamiento en la vida adulta. Dichos cambios resultan en una mayor expresión de receptores de estrógenos en las neuronas del área preóptica medial y en una mayor facilidad para activar el circuito maternal y para comportarse maternalmente con su camada.

¿QUÉ ES LA EPIGENÉTICA?

El término «epigenética» fue acuñado a mediados del siglo xx para referirse a la interacción entre los genes y el ambiente que dan lugar al fenotipo, es decir, a cómo somos física y psíquicamente. A través de la epigenética, las condiciones del contexto en el que vivimos impactan en nuestro ADN y hacen que algunos rasgos que heredamos de nuestros padres se manifiesten y otros no.

Mientras que la genética estudia los genes que heredamos a través del ADN, la epigenética estudia cómo estos genes se activan o inhiben en función de las señales ambientales. La activación o inhibición de ciertos genes se produce mediante tres mecanismos principales que silencian o potencian su expresión: la metilación del ADN, la modificación de histonas y la regulación del ARN (ácido ribonucleico).

Si nuestro ADN fueran los miembros de una orquesta, la epigenética sería el director que indica qué músicos tocan y cuáles no. Es, por lo tanto, la epigenética la que da lugar a la melodía, al fenotipo, a quiénes somos psicológica y físicamente.

La epigenética tiene un gran impacto en el fenotipo. Por ponerte un ejemplo, los mecanismos epigenéticos mediados por la alimentación pueden hacer que el ADN de una larva se convierta en un fenotipo de una abeja obrera —cuya esperanza de vida es de cuarenta y cinco días aproximadamente— o en un fenotipo de abeja reina —con una esperanza de vida de cinco años aproximadamente—.

Puesto que dependen del ambiente, muchos de los cambios epigenéticos son reversibles.

Estos hallazgos resaltan cómo la interacción temprana condiciona el desarrollo y la conducta del animal en la vida adulta. Además, nos invitan de nuevo a reflexionar sobre si ocurre algo parecido en humanos: ¿cuanto mejor cuidemos a nuestra descendencia más cuidará esta a la suya? En nuestra especie, resulta especialmente complicado discernir entre la contribución genética, ambiental y epigenética en cuidado maternal temprano. Sin embargo, varios estudios indican que los bebés que han experimentado graves negligencias en sus cuidados durante los primeros años de vida suelen tener dificultades en la formación de vínculos en la edad adulta, incluyendo el vínculo con su descendencia. Quiero destacar que se trata de situaciones graves de maltrato, abandono o crianza en orfanatos, y que, de nuevo, se presenta la balanza entre factores de riesgo y factores protectores, tanto genéticos como ambientales.

10. La importancia del ambiente en la conductra maternal

La interacción entre los genes y el ambiente modula la expresión de la conducta maternal. Cuando hablamos de ambiente, no nos referimos exclusivamente al ambiente durante el desarrollo temprano, sino también al que rodea a la madre durante la crianza. Yo nunca he trabajado con ratas ni con ratones, pero tengo compañeros investigadores que sí y de ellos he aprendido que si la madre roedora está estresada durante la crianza, por ejemplo, porque la temperatura o el ruido de la sala no son los adecuados o porque sus crías no responden como deberían, su conducta maternal empeora. Y decir «empeora» es una forma suave de expresar que, en ocasiones extremas, una ratona madre puede incluso matar y devorar a sus crías. Tal vez porque percibe que el ambiente es demasiado hostil para la supervivencia de las crías o tal vez porque se ve incapaz de criar de forma exitosa a la camada, pero lo cierto es que las mata y se las come. Este tipo de infanticidio no es simplemente una anécdota que me han contado mis colegas de laboratorio; se trata de un fenómeno documentado en la literatura científica y que, aunque no es muy común, se ha observado en distintas especies del reino animal.

11. Las peculiaridades de la conducta maternal humana

He empezado este capítulo resaltando lo mucho que nos parecemos las madres mamíferas del reino animal. Ahora que ya conoces todas esas similitudes, me gustaría que pensásemos en las peculiaridades de la conducta maternal en la especie humana.

Los humanos somos seres socioculturales, capaces de controlar e inhibir nuestros impulsos e instintos, los maternales y los no maternales. Si bien es cierto que existe una motivación maternal universal que compartimos con el resto de los mamíferos —asegurar la supervivencia y el bienestar de las crías—, también lo es que la forma en la que esta se manifiesta se aprende con la práctica y depende fuertemente del contexto histórico y sociocultural. Lo que en una cultura o en un momento histórico es indicador de un cuidado maternal óptimo puede no serlo en otro. Lo que para nuestras madres o para nuestras abuelas era cuidar correctamente a sus hijos, para nosotras puede que no lo sea. Ser consciente de esto seguramente nos ayude a poner en perspectiva —aunque no a justificar— la insistencia de muchas abuelas y suegras en aconsejar a sus hijas, nietas y nueras sobre cómo maternar «correctamente».

En cuestión de cuarenta años, si no menos, el modelo de crianza, de cómo debe actuar una «buena madre», ha cambiado radicalmente. De hecho, creo que me quedo corta diciendo que han cambiado; en muchos aspectos, directamente se recomiendan conductas opuestas. Lo que antes era «lo mejor» ahora es «lo peor». Hemos pasado de dejar al bebé llorando en la cuna al colecho, del biberón cada dos horas al pecho a demanda, de las camas nido al «piel con piel», de dormir boca abajo a dormir boca arriba, de las papillas al «baby-led weaning», del carrito al porteo, de la crianza autoritaria a la respetuosa. Como madre actual, me resulta evidente que el cambio responde a criterios científicos y sociales, hablando claro, me convence lo de que antes se hacía mal y ahora se hace bien. Pero ¿es eso cierto? ¿Cómo puedo estar segura de que en un futuro no se cuestionará el modelo ahora vigente sobre la base de nuevas evidencias?

He sido cuestionada por intentar dar el pecho a demanda —un intento, como sabes, fallido en mi caso— o por el colecho —ahí estoy teniendo demasiado éxito—. Sin embargo, como científica y como madre de una bebé que apenas dormía, lo que más me angustiaba era la posición en la que quedaba cuando, por fin, lograba dormirla. En los años cincuenta, los médicos recomendaban que el bebé durmiera boca abajo porque si vomitaba durmiendo boca arriba se podía ahogar y morir. Ahora, la evidencia científica y las recomendaciones médicas muestran que dormir boca arriba previene la muerte súbita. Morir, muerte. No hablamos de que se acostumbre a los brazos o no, hablamos de que se muera, de que cuando por fin caiga dormido, lo haga en la posición que no toca y ya no despierte más.

Imagina qué carga, qué culpabilidad para las madres que criaron seguras de que lo que hacían era lo mejor para sus hijos. Qué difícil aceptar ese error. La motivación maternal para ellas habrá sido igual de central y vital que lo es ahora para nosotras. Ellas, igual que nosotras, quisieron hacerlo bien, muy bien, no solo suficientemente bien. Cuestionarse después si su estrategia fue la correcta, si realmente las recomendaciones que siguieron optimizaban el bienestar y la supervivencia de sus hijos, puede enfrentarlas con una disonancia cognitiva para la que no están preparadas, al menos no aún. Las mamás, abuelas, suegras y tías, al igual que sus homólogos masculinos, también requieren de nuestra paciencia, empatía y apoyo. Paciencia para darles tiempo mientras se adaptan a modelos diferentes de crianza, empatía para entender sus dificultades durante el proceso y apoyo para enseñarles su nuevo rol y ayudarlas a disfrutar de él. Eso sí, dejando claro quién decide cómo criar. Como una vez le dijo mi amiga María M. a su suegra: «Rita, gracias por el consejo, pero Abel solo tiene una madre, y esa soy yo».

Capítulo VII

Nuestro cerebro maternal humano

> El cuidado parental es, con diferencia, el ejemplo más obvio y generalizado de altruismo en el reino animal, y bien puede representar la forma original de comportamiento prosocial de la que derivan todos los demás.
>
> JAMES RILLING y JAAK PANSKEPP

1. Noviembre de 2008

En otoño de 2008, «Viva la vida», de Coldplay, triunfaba en la radio, mientras España se abismaba a la crisis económica más feroz que recuerdo. Yo tenía veintiocho años. Trabajaba en un grupo de investigación dirigido por el doctor Òscar Vilarroya, en Barcelona, en concreto en un precioso centro con vistas al mar llamado Parc de Recerca Biomèdica de Barcelona. Hacía menos de un año que había defendido mi tesis doctoral, y sabía que, para hacer carrera científica en España, tenía que realizar la famosa estancia en el extranjero. Mi destino sería Estados Unidos, estaba decidido, pero antes de dar el salto quise quedarme un par de años más en el laboratorio de Òscar, con la excusa de acabar algunos proyectos. No estaba en mis planes empezar ninguno.

En el laboratorio del doctor Vilarroya había varias estudiantes de doctorado, todas mujeres y fantásticas investigadoras. Con dos de ellas trabajaba de forma más estrecha, en parte porque les dirigía la tesis doctoral y también porque hacíamos muy buenas migas fuera del entorno laboral. Sus nombres son Elseline Hoekzema y Erika Barba. La tesis de Elseline se centraba en evaluar el impacto de la terapia cognitiva en el cerebro de niños con diagnóstico de trastorno por déficit de atención con hiperactividad. La de Erika, analizaba los efectos de la práctica diaria de meditación en el cerebro humano. Ambos proyectos utilizaban diseños longitudinales, una metodología científica que implica evaluar a los mismos participantes en diferentes momentos temporales, en nuestro caso, antes y después de la intervención concreta. Los resultados que obtuvimos en el proyecto de Elseline eran prometedores, y ya estaban en fase de publicación. En cambio, los del proyecto de Erika no lo eran tanto. Algunos participantes sí mostraban cambios cerebrales, pero otros no, y cuando promediábamos entre todos ellos, el efecto se desvanecía.[12]

12. Pese a que en nuestro estudio no observábamos cambios pronunciados con la práctica de meditación, otros estudios posteriores han demostrado los beneficios de esta y su impacto en el cerebro.

Ese era el contexto del laboratorio a principios de noviembre de 2008, pero el día 5 de noviembre una conversación informal en un coche cambió el rumbo de nuestras carreras. Ese día Erika defendía su tesina, creo que ahora equivale al trabajo de fin de máster. La presentación de Erika fue inmejorable, pero salimos de la defensa con un sabor amargo, pues el tribunal, al igual que nosotras, sabía que los resultados no eran lo suficientemente consistentes como para publicarse. En cualquier caso, Erika acababa de defender la tesina y teníamos que celebrarlo; nos subimos las tres a mi coche en dirección a Barcelona para tomar algo.

En el trayecto, hablábamos de las razones por las cuales quizá no observábamos un efecto muy pronunciado de la meditación en el cerebro. A pesar de solicitar a los participantes que meditaran 30 minutos al día, ellos mismos nos confesaban que no siempre lo hacían, que a veces se olvidaban, y a menudo se dormían nada más empezar la práctica. Bromeábamos culpando a mi voz, con la que se realizaron las grabaciones, que parecía resultarles soporífera. En un momento del trayecto, Erika nos dijo que quería quedarse embarazada. Tras la sorpresa y las felicitaciones iniciales, la conversación derivó en algo parecido a esto:

—¡Quedarse embarazada y ser madre!, eso sí es un buen diseño longitudinal, ahí seguro que los participantes no se escaquearían. Tendrían que implicarse de lleno en la tarea de maternar —dijo una de nosotras.

—Sí, ahí no vale un «hoy no me apetece» o «es que me he dormido» —comentábamos entre risas.

Después, empezamos a hablar acerca de lo que creíamos saber sobre cómo impactaba el embarazo en el cerebro de la mujer:

—He leído que las mujeres puntúan peor en pruebas de memoria y atención con el embarazo —comentó una de nosotras.

—Ah, pues justo yo he leído lo contrario, que las ratas que son madres puntúan mejor en pruebas de memoria espacial y que los cambios duran más allá del destete. Creo que eran cambios de por vida —replicaba otra.

Y así estuvimos los casi treinta minutos de trayecto que conecta la Universitat Autònoma de Barcelona con el centro de la ciudad. Pese a que nuestro plan inicial era ir a tomar algo directamente, nos pudo la curiosidad e hicimos una parada en el laboratorio. Al llegar, nos sentamos frente al ordenador para hacer una búsqueda rápida en Pubmed, que es la principal base de datos de artículos de investigación en biomedicina. Empezamos a cruzar términos que nos esclareciesen qué ocurre en el cerebro de una mujer cuando se queda embarazada. Pero cuál fue nuestra sorpresa al ver que apenas había estudios sobre el impacto cerebral de este proceso fisiológico tan intenso.

¿Cómo es posible? ¿Cómo puede ser que haya decenas de manuales describiendo detalladamente cómo el embarazo modifica cada uno de los órganos y sistemas del cuerpo humano y aún no sepamos qué ocurre en el cerebro? Si las hormonas sexuales juegan un papel clave en los procesos de neuroplasticidad y no hay otro momento vital con mayores fluctuaciones hormonales que el embarazo, ¿por qué no se había explorado en humanos?

¿Por qué ese desinterés científico sobre si hay un sustento biológico a eso que manifiestan todas las madres, que la maternidad les cambia profundamente? ¿Tal vez el sesgo en biomedicina asomándose de nuevo? Pero, sin duda, lo más irónico era que, pese a las escasas publicaciones científicas, internet estaba plagada de artículos de «divulgación» con títulos del estilo «Esto es lo que le pasa a tu cerebro cuando te quedas embarazada». Era evidente, a las madres se las bombardeaba con toneladas de opinión sustentadas en escasa ciencia.

La ciencia sobre el cerebro maternal se apoyaba en algunos de los estudios en ratas y ratones de los que te he hablado en el capítulo anterior. En humanos, la neurociencia del embarazo y la maternidad podía catalogarse, irónicamente, de terreno «yermo» o «virgen». Apenas había sido explorado. Encontramos pequeñas píldoras de información dispersa que, lejos de saciar nuestra curiosidad, la avivaron. Por ejemplo, un conjunto de estudios que demostraban que el tamaño de la hipófisis aumenta con el embarazo, o un estudio que analizaba el cerebro de mujeres con preeclampsia.

PÍLDORA 1. AGRANDAMIENTO DE LA GLÁNDULA PITUITARIA DURANTE EL EMBARAZO

A finales del siglo xix, un médico llamado Louis Comte observó un aumento en el tamaño de la hipófisis en seis mujeres que, por desgracia, fallecieron durante el embarazo o al poco tiempo del parto. Aproximadamente una década

---

después, otros investigadores, Erdheim y Stumme, vieron que ese aumento se localizaba en unas células específicas de la hipófisis cuya función era la de producir hormonas. Llamaron a estas células «células del embarazo». Otros autores observaron que cuantos más embarazos había experimentado una mujer a lo largo de su vida, mayor tamaño tenía su hipófisis, lo que sugería que se trataba de cambios duraderos y, en cierta manera, acumulables embarazo tras embarazo. A mediados del siglo pasado, Bergland y colaboradores descubrieron que las llamadas «células del embarazo» eran en realidad neuronas encargadas de producir, almacenar y liberar prolactina al torrente sanguíneo. Según estos autores, estas células aumentaban tanto en tamaño como en número. Así, las «células del embarazo» pasaron a llamarse «células de prolactina», también conocidas como «células lactotropas». A finales de los ochenta, un grupo de investigadores utilizó la resonancia magnética para calcular el porcentaje de cambio de esta glándula con forma de guisante. Estimaron que, en la recta final del embarazo, aumenta un 136 % y, tras el parto, disminuye progresivamente.[13]

13. El incremento de la hipófisis es tan evidente que puede observarse a simple vista con resonancia magnética estructural. Si tienes curiosidad por verlo con tus propios ojos, puedes visitar nuestra cuenta de Instagram (@neuromaternal), donde hay vídeos en los que se puede ver el crecimiento de la hipófisis a medida que el embarazo avanza.

PÍLDORA 2. EL CEREBRO EN MUJERES CON PREECLAMPSIA

En este estudio, publicado en 2002 por Angela Oatridge del Imperial College School of Medicine en Londres, evaluaron el cerebro de mujeres con preeclampsia, y como grupo control incluyeron a mujeres embarazadas sin la patología. La muestra era muy pequeña: cinco mujeres con preeclampsia y nueve sin ella. Tan solo dos de las mujeres de la muestra tenían como referencia la imagen de su cerebro antes de quedarse embarazadas y después del parto. El resto habían sido evaluadas en diferentes momentos de la gestación y del posparto. Los investigadores no detectaron diferencias entre embarazadas con preeclampsia y sin ella, pero sus resultados, en especial los del grupo control de mujeres sin patología, escondían la semilla de lo que posteriormente pudimos demostrar con nuestros estudios. Aún no lo sabíamos, pero ese artículo, que leímos por encima ese otoño de 2008, y que había pasado injustamente desapercibido para la comunidad científica, se convertiría en un referente para nosotras.

Junto con estas dos píldoras, otra más extensa, de casi una decena de estudios que analizaban cómo respondía el cerebro de una madre ante estímulos de bebés utilizando la resonancia magnética funcional. Hagamos una pausa en la tarde del 5 de noviembre y adentrémonos en ellos en profundidad. No solo en lo que había en 2008, sino en cómo ha ido evolucionando el campo a lo largo de estos años. Esto nos ayudará a poner en contexto todo lo que te contaré después.

2. ¿Qué se activa en el cerebro de una madre cuando ve a su hijo?

Los pioneros en investigar el tema fueron Loberbaum y colaboradores, en 1999. Estos investigadores utilizaron la resonancia magnética funcional para evaluar la activación cerebral en cuatro madres cuyos hijos tenían entre tres semanas y tres años y medio de edad. Presentaban a las madres sonidos de bebés llorando mientras ellas permanecían tumbadas dentro de la máquina de resonancia magnética. Tras analizar sus cerebros, observaron activación en regiones clave implicadas con el placer y la atención.

Otros autores influyentes en el campo fueron Andreas Bartels y Semil Zeki, con dos estudios sobre las bases neuronales del amor. En el primero, publicado en el año 2000, los autores analizaban qué sucedía en el cerebro de hombres y mujeres cuando veían fotos de su pareja en comparación a cuando veían fotos de personas desconocidas. En el segundo, publicado en 2004, utilizaron un procedimiento similar en el que enseñaban a madres fotos de sus bebés y fotos de bebés desconocidos. Conjuntamente, los estudios sugerían que tanto el amor romántico como el amor maternal activaban el núcleo accumbens y el área tegmental ventral, ya sabes, el Eros de nuestra Psique. La activación de estas áreas se interpretó como el sustrato neuronal de la sensación de «enamoramiento» que muchas madres expresan cuando ven a sus hijos. Se hablaba entonces de amor y placer. Hoy en día, con lo que sabemos del circuito maternal y de la experiencia de las madres, creo que es más preciso hablar de deseo, de motivación, de necesidad de estar en contacto con los hijos, de pensar en ellos. Un deseo que, por lo general, se traduce en placer al encuentro, aunque no siempre es así.

Fuera amor, deseo o necesidad, lo cierto es que la publicación tuvo una gran repercusión mediática. Recuerdo que el programa *Redes*, liderado por Eduard Punset, hizo una simulación televisiva y nos grabó reproduciendo el experimento, pese a que por aquel entonces, 2004, en nuestro laboratorio nadie investigaba sobre esos temas.

Las investigaciones de Loberbaum, Bartels y Zeki establecieron las bases para entender el cerebro maternal en humanos. Otros investigadores como Lane Strathearn, James Swain y Pilyoung Kim, y otros tantos que me dejo en el tintero, continuaron avanzando en el campo. En sus estudios, mostraban a las madres sonidos o imágenes de bebés para ver cómo respondía su cerebro, y casi siempre se comparaba la respuesta ante estímulos del propio bebé con la de estímulos de bebés desconocidos. En 2008, cuando realizamos nuestra primera búsqueda bibliográfica, apenas había diez publicaciones. Ahora, contamos con más de cien, incluidas varias revisiones sistemáticas, como la de Anne Bjertrup, de la Universidad de Copenhague. Basándonos en estas podemos afirmar, con el nivel de certeza que nos permite un campo de estudio en continuo avance, que, cuando una madre ve a su bebé, se activan regiones similares a las que observamos en animales no humanos. Hablamos, entre otras, del hipotálamo, la amígdala, y el núcleo accumbens. Se trata de regiones subcorticales cuyo procesamiento tiene un elevado componente fisiológico y, de primeras, escapa de la consciencia.

Recordemos que el hipotálamo, y más concretamente su área preóptica medial, es la puerta de entrada al circuito maternal en roedores. En humanos no podemos detallar a escala de subregiones hipotalámicas, y mucho menos de las neuronas que las forman, como las neuronas de galanina. Los estudios de resonancia magnética aún no tienen la resolución espacial necesaria como para hilar tan fino. Así que, siendo cautas y quedándonos en la escala de las regiones, sabemos que el hipotálamo utiliza impulsos eléctricos y señales hormonales para mantener nuestro cuerpo en un estado estable, para preservar la homeostasis de funciones esenciales como el hambre, la sed, el sueño o la vinculación social. En el terreno del cerebro maternal, podríamos decir que, cuando una mujer se convierte en madre, su hipotálamo monitoriza no solo su bienestar corporal, sino también el del bebé. Aventurándonos ahora un poco, no es descabellado pensar que, tal y como ocurre en roedores, las hormonas del embarazo sean capaces de modificar las neuronas de galanina del hipotálamo humano para que estas respondan de forma selectiva y persistente a los estímulos del bebé.

RESOLUCIÓN ESPACIAL DE LA IMAGEN POR RESONANCIA MAGNÉTICA

En resonancia magnética, la unidad de medida es el vóxel, que es como un píxel pero en tres dimensiones, es decir, un cubo. La resonancia magnética nos obliga a ver el cerebro como si se tratase de un personaje de *Minecraft*. Para que te hagas una idea del grado de pixelado cerebral, en un vóxel de sustancia gris de un milímetro cúbico, se sintetiza la información de casi un millón de células cerebrales. En cada uno de estos cubos encontramos cientos de miles de cuerpos de neuronas con sus dendritas, y otros tantos de células de microglia y astrocitos. Este tamaño de vóxel es el estándar para estudios sobre la anatomía cerebral, pero cuando hacemos resonancia magnética funcional para analizar activación, nos vemos obligados a aumentarlo, utilizando vóxeles de unos 3 milímetros cúbicos. Imagínate qué nivel de síntesis. Si cada célula fuera un habitante de España, estaríamos sintetizando a los 48 millones de habitantes en menos de dos cubitos emborronados, por lo tanto, nos sería imposible diferenciar cómo han cambiado los rasgos de habitantes concretos.

Además del hipotálamo, los estímulos de bebés, y en especial del propio, también activan la amígdala materna. Cuando una madre ve fotos de su hijo, en su cerebro se activa esta región, implicada en marcar y detectar estímulos con elevada carga emocional y preparar al cuerpo para reaccionar de forma rápida y, a menudo, automática. Recuerda que esta estructura es capaz de avisar a nuestro cuerpo de un peligro potencial, incluso antes de que seamos conscientes de él. Antes de que nuestra corteza haya tenido tiempo de decidir si el peligro es real o no, si eso enrollado en el suelo es una serpiente o una cuerda, o si la ventana a la que se acerca nuestra pequeña está abierta o cerrada, la amígdala ya nos ha puesto en estado de alerta, ya nos hemos sobresaltado, por si acaso.

Y por supuesto, como ya indicaron los estudios pioneros y los modelos animales, las imágenes o los sonidos del bebé activan el núcleo accumbens del cerebro materno, una activación que suele acompañarse de amor intenso. Amor. Si eres madre, muy probablemente no te esté contando algo que no sepas ya. Como dice Rigoberta Bandini en la canción dedicada a su hijo «Ahora solo te puedo escribir canciones de amor a ti». Lo que tal vez sí te sorprenda es que este núcleo también se activa cuando vemos llorar a nuestro bebé. De nuevo, la motivación por actuar, el deseo por consolar, más que el propio placer, son la esencia de su respuesta.

Junto con el testimonio sonoro que nos regaló la cantante, te muestro otros tantos de las madres de nuestros estudios y de amigas para ejemplificar la activación en las mencionadas áreas subcorticales. Por cuestiones didácticas las agrupo en dos: las que resaltan el papel del hipotálamo y la amígdala, y las que resaltan el papel del núcleo accumbens. Ten presente que se trata de una distinción artificial, ya que estas regiones no actúan de forma independiente, ni están implicadas en una única función.

Hipotálamo y amígdala: Señal de alarma y homeostasis

- «Cuando Ciro llora, siento una sensación en mi cuerpo de angustia. Es como si me estirasen de la garganta hacia el estómago y empiezo a sudar. Siento malestar, no puedo simplemente ignorarlo. Mi cuerpo me pide actuar».
- «Cualquier pequeño ruidito que hiciese Milena durmiendo, me despertaba inmediatamente, como un chute de adrenalina. Como si de repente hubiera sonado la alarma de incendios y tuviese que salir corriendo».
- «Desde que soy mamá, vivo dos segundos por delante del tiempo y en el peor de los escenarios. Cuando llego a un lugar nuevo con mi hija, inmediatamente detecto los peligros potenciales, picos de mesa, enchufes, escaleras…, mis ojos se van a ellos directamente sin pensarlo».

Núcleo accumbens: Deseo y motivación

- «Cuando nació Martín, no podía dejar de mirarlo. Sobre todo, al principio, en lugar de aprovechar y descansar cuando él lo hacía, me quedaba embelesada mirándole dormir. Me producía mucho placer. No quería separarme de él ni un segundo».
- «Me paso muchas tardes sola con Encarnita. A veces estoy tan cansada que estoy deseando que se duerma. Pero luego, cuando se duerme, me descubro a mí misma viendo fotos y vídeos suyos».

Inciso. Este último testimonio me encanta porque refleja de forma muy clara la distinción entre deseo y placer. Es especial también porque es de una de nuestras investigadoras, María Paternina, de la que os hablaré más adelante. Por cierto, ella y su hija son las modelos que he utilizado para hacer la portada de este libro.

Además de todas estas estructuras subcorticales, los distintos metaanálisis y revisiones sistemáticas identifican un conjunto de regiones de la corteza que se activan cuando una madre ve o escucha a su bebé. Se trata de regiones que pertenecen a dos grandes redes: la red atencional ventral y la red por defecto, cuyo procesamiento ya se mueve en el reino de la consciencia.

Las regiones que conforman la red atencional ventral (entre ellas cingulado anterior e ínsula) están en estrecha comunicación con las regiones subcorticales de las que hemos hablado (hipotálamo, amígdala y núcleo accumbens). A través de estas estructuras reciben información que las vísceras han marcado como estímulos extremadamente relevantes para el bienestar del organismo. En función de esta información, la red atencional ventral reasigna los recursos mentales al procesamiento de estos estímulos. En cierta manera podríamos decir que los secuestra para dirigirlos a lo que nuestro cuerpo nos dice que es relevante. En el capítulo sobre el cerebro utilizábamos como ejemplo el chirriar de ruedas por un frenazo que secuestra nuestra atención cuando paseamos por la calle. En el caso de la conducta maternal, los estímulos procedentes del bebé equivaldrían, neuronalmente hablando, a ese sonido. Tienen la capacidad de activar nuestra respuesta fisiológica y secuestrar nuestros recursos atencionales para dirigirlos a su procesamiento, como si se tratase de un estímulo vital para la supervivencia de la madre. De hecho, sobre la base de mi experiencia y la de muchas otras mujeres, no me parece descabellado decir que el bienestar del bebé es en cierta manera vital para la madre.

La red por defecto también sobrevive a la estricta criba de la evidencia acumulada. Cuando una madre percibe estímulos de su bebé, en su cerebro se activa la corteza prefrontal medial, el precuneus y la unión temporoparietal, tres de los centros clave de esta red cortical. Se trata de un circuito cerebral que se pone en marcha por defecto, cuando no hacemos nada. O mejor dicho, cuando no hacemos nada más que ensimismarnos en nuestro mundo interior, reflexionando acerca de quiénes somos, de nuestros planes futuros y experiencias pasadas. De todo ese conjunto de procesos que nos hacen tan humanos y a partir de los cuales se construye la cognición social. A partir del yo, simulo y me proyecto en el otro, me fusiono con él, en este caso con el bebé, dando lugar al nacimiento de la empatía y la conducta prosocial y altruista.

Aparte de la resonancia magnética funcional, hay otras técnicas de imagen que permiten medir las respuestas cerebrales de la madre ante estímulos del bebé cuantificando, por ejemplo, las ondas cerebrales. En mi opinión, uno de los hallazgos más bonitos derivados de estas herramientas es el descrito por Ruth Feldman. Esta investigadora del Interdisciplinary Center (Herzliya, Israel) tiene una extensa línea de investigación que demuestra que cuando una madre interactúa con su hijo, a través de la mirada, las vocalizaciones o las caricias, se sincronizan sus ondas cerebrales, sus frecuencias cardiacas e incluso la liberación de oxitocina. El cuerpo de la madre y del bebé se coordinan, se regulan, se contagian, se funden en uno; desde el punto de vista musical, podríamos decir que fluyen al unísono. Como la propia investigadora dijo en una entrevista: «Hay momentos en los que la sincronización se pierde y se cometen errores. Estos errores son necesarios porque nos permiten aprender». Equivocarnos, no entender qué le pasa al bebé, nos ayuda a mejorar. Nos permite reajustar la emisora cerebral que, al fin y al cabo, se sintoniza gracias a la experiencia, al aprendizaje y al error. Recuerda, el impulso maternal nos motiva a estar en contacto con nuestro hijo y a asegurar su bienestar y supervivencia, pero las cuestiones prácticas de cómo cuidarlo, cómo maternar, se aprenden y adaptan con el tiempo y la exposición. Están sujetas a las necesidades cambiantes del bebé, y, por suerte y por desgracia, a las de la sociedad y la cultura que nos rodea.

Mientras escribo estas líneas sobre regiones y circuitos cerebrales, me vienen a la cabeza vivencias de mi propia maternidad. Por ejemplo, pienso en el núcleo accumbens que probablemente estaba detrás de la sensación de amor inmenso que me invadió en el paritorio cuando mi hija, desnuda encima de mi pecho, abrió sus ojos negros durante unos pocos segundos, solo para clavarlos directamente en los míos con una mirada breve pero fulminante que marcó un antes y un después en mi narrativa vital. Durante los primeros meses de posparto, recuerdo como el llanto de mi hija me producía una sensación corporal muy difícil de controlar y que era capaz de cautivar toda mi atención. Aún hoy en día, sé que si ella está cerca, mis recursos cognitivos no estarán disponibles al 100 %. Probablemente, mi hipotálamo, amígdala y red atencional ventral tengan algo que ver en esto. Pienso también en ese fuerte deseo, esa necesidad apremiante de estar con ella, que tan a menudo desconcertaba a quienes me animaban a descansar, a desconectar, a tomarme un respiro, en momentos críticos del posparto cuando me veían sobrepasada. Mi cuerpo se resistía a alejarse y, cuando me forzaba a hacerlo, mi mente seguía allí con ella. De nuevo mi accumbens remarcando la diferencia entre el placer y la motivación. Pero sobre todo pienso en la fusión, en cómo mi yo dejó de ser solo mío para abrazarla y abarcarla a ella, para nunca más estar sola, para sentir sus penas y alegrías como propias, su risa como lo más placentero y su dolor o malestar como una sensación punzante y real en mi bajo vientre. Como si la protagonista de mi vida se hubiera desdoblado, como si, literalmente, me hubiera partido en dos en el momento del parto, como si ella formase parte de mi nuevo «estado por defecto». Estoy convencida de que esa fusión fue clave para que me importasen un poco menos los días sin dormir, las horas en el sofá tratando de amamantar o los pezones agrietados constantemente conectados a un sacaleches.

> Hace tiempo me di cuenta de que conservo poco de mí y todo de ellas [sus hijas].

> ELENA FERRANTE, *La hija oscura*

3. *Back to the future*: noviembre de 2008

Bien, ahora que ya sabemos qué pasa en el cerebro de una madre cuando procesa estímulos relacionados con su bebé, volvamos al día en el que Elseline, Erika y yo tuvimos claro que preferíamos celebrar la tesina de Erika con una búsqueda bibliográfica en Pubmed en lugar de con una cerveza.

Como te decía, en 2008, apenas había una decena de estudios sobre qué se activa en el cerebro de una madre cuando ve a su hijo; se sabía solo una pequeña parte de todo lo que te he descrito en el apartado anterior y a mí me faltaban más de siete años para convertirme en madre. Saber cómo funciona el cerebro de una madre en el posparto cuando interactúa con su bebé es una cuestión interesante, pero no era nuestra pregunta. Nosotras queríamos saber si el embarazo transforma el cerebro, si una mujer cambia al convertirse en madre, si el cerebro de la Erika de 2008 iba a ser diferente al cerebro de Erika cuando fuese madre, independientemente de lo que estuviese haciendo en un momento concreto, independientemente de si estaba viendo fotos de su hija o si estaba charlando con una amiga en una cafetería.

Esa misma tarde, en el laboratorio, fantaseamos sobre el diseño ideal.

—Estaría genial evaluar a un grupo de mujeres antes de su primer embarazo y justo después de este —dijo una.

—También a los padres, así podríamos diferenciar el efecto del embarazo del de la crianza —puntualizaba otra.

Coincidíamos también en la necesidad de incluir a parejas que no tuviesen hijos ni planes de tenerlos en el futuro cercano: el famoso grupo control. A las futuras madres y los futuros padres se los evaluaría antes y después del embarazo; a las parejas control, en intervalos temporales equivalentes (figura 8).

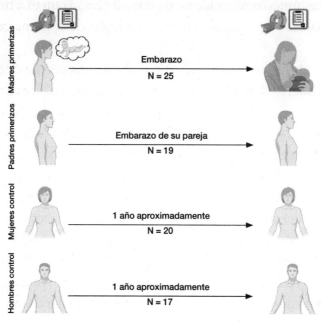

Figura 8: Diseño experimental del estudio que finalmente publicamos en la revista *Nature Neuroscience* en 2017. Cada uno de los cuatro grupos era evaluado en dos puntos temporales. En cada una de las evaluaciones se adquirían datos cerebrales y neuropsicológicos. N indica el número de participantes en cada grupo. Para más detalle, consultar el artículo de Hoekzema *et al.* 2017, *Nature Neuroscience*.

Todo esto no eran más que fantasías, ideas cruzadas en una conversación entre amigas. Pero nos fuimos animando. Cuanto más hablábamos del diseño, más ganas teníamos de llevarlo a cabo. Así que finalmente decidimos hablar con el director del laboratorio, Òscar Vilarroya. Le mostramos el vacío en la literatura y le expresamos nuestro compromiso por sacar adelante el proyecto en horas extra, sin financiación y sin abandonar el resto de los proyectos en los que ya estábamos implicadas. Aún no sé cómo, le pareció buena idea, y nos pusimos manos a la obra.

EMPEZAR POR UNO MISMO

Elseline, yo y nuestras respectivas parejas nos alistamos en el grupo control: hombres y mujeres sin hijos. Erika y su pareja fueron de las primeras en inaugurar el grupo experimental: madres y padres primerizos. La puesta a punto del estudio se acompañó de momentos extremadamente complicados, pero también divertidísimos.

Una de las anécdotas más graciosas que recuerdo fue cuando decidimos añadir al estudio de la anatomía cerebral una tarea para medir cómo responde el cerebro de las madres al olor de su bebé y de su pareja. No teníamos ninguna experiencia con la presentación de este tipo de estímulos en la resonancia, pero nos envalentonamos, guiadas por los datos en modelos animales que mostraban que, durante el embarazo, se creaban neuronas en el bulbo olfatorio. Además, algunos estudios sugerían que las madres son capaces de diferenciar el olor de su bebé, nada más nacer, del de otros fácilmente. Puesto que estábamos en los preparativos del estudio y aún no había ni embarazos ni bebés, hicimos una prueba en nosotras mismas. Pedimos a nuestras parejas que llevasen un algodón en la axila durante veinticuatro horas. Lo ideal hubiera sido presentar esos estímulos olfativos utilizando la infraestructura sofisticada, a la par que cara, que se describía en otras publicaciones. Sin embargo, a falta de financiación, probamos a elaborar una versión casera que enviase los olores utilizando una especie de soplador de fuelle que transportaba el olor a través de una cánula nasal fijada a la participante. Una de mis compañeras se ofreció voluntaria para entrar dentro del tubo de la resonancia. Debía permanecer tumbada e inmóvil en él durante 6 minutos mientras yo, desde el exterior de la sala, le inyectaba con el soplador aroma a sobaco constante. Iba alternando entre el olor a sobaco de su pareja y el olor a sobaco de mi pareja, que servía como control, para determinar si era capaz de diferenciarlos. Poco sospechaba yo desde el exterior lo incómodo que debía de ser recibir aire a presión directamente en las fosas nasales con tremendo aroma. No habían pasado ni dos minutos cuando mi compañera pidió salir de la resonancia. Nada más ver su cara se nos escapó la risa y tuvimos claro que si queríamos que las participantes volvieran a la segunda sesión del estudio debíamos descartar el paradigma olfativo de preparación casera.

Finalmente decidimos centrarnos en lo que conocíamos y teníamos: la infraestructura necesaria para llevarlo a cabo. Adquiriríamos imágenes de resonancia magnética anatómica antes y después del embarazo. Y cuando los padres tuvieran a sus bebés, en la sesión posparto, realizaríamos un estudio de resonancia magnética funcional mostrándoles fotos de sus bebés y fotos de bebés desconocidos; ese paradigma creado por Bartels y Zeki que conocíamos bien gracias a la simulación que hicimos para el programa *Redes*.

EL EMBARAZO CONLLEVA REDUCCIONES EN EL VOLUMEN DE SUSTANCIA GRIS CEREBRAL

Cuando comparamos el cerebro de las mujeres antes del embarazo con su cerebro a los dos o tres meses posparto, observamos reducciones marcadas en el volumen de sustancia gris cerebral. No eran cambios sutiles, como a los que estábamos acostumbradas en otros proyectos. Se trataba de cambios muy prominentes y significativos. Por muy restrictivos que fuésemos a nivel estadístico, siempre aparecían.

Además, las reducciones no estaban localizadas de forma aleatoria en el cerebro. Su distribución se confinaba con gran precisión a las áreas de la famosa red por defecto (figura 9). Casi como un calco, podíamos observar como las reducciones abarcaban la corteza prefrontal medial, el precuneus, la unión temporoparietal y el resto de los nodos que conforman la red. Allí estaban esos cerebros mostrándonos de forma contundente que las regiones cerebrales que sustentan la representación reflexiva del yo, la empatía, el altruismo y la cognición social cambian profundamente con el embarazo. Por fin podíamos traducir al lenguaje del paradigma médico-científico imperante lo que todas las madres ya sabíamos: la maternidad transforma drásticamente nuestro cerebro y, en especial, nuestra percepción del yo.

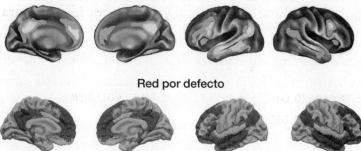

Reducciones de volumen de sustancia gris en madres

Red por defecto

Figura 9: En la parte superior se muestran las reducciones en el volumen de sustancia gris en madres. En la parte inferior se ilustran, a modo de referencia, los nodos de la red por defecto. Como se puede comprobar, las regiones que cambian durante el embarazo coinciden con las regiones que forman la red por defecto.

¿HAY DIFERENCIAS EN FUNCIÓN DE SI SE CONCIBE DE FORMA NATURAL O MEDIANTE REPRODUCCIÓN ASISTIDA?

Cuando empezamos el estudio del que te acabo de hablar, las tres rondábamos los treinta años. Teníamos varias amigas de nuestra edad que, como Erika, estaban buscando su primer embarazo. Pensamos que, dentro de un par de años, como máximo, tendríamos todos los datos adquiridos. Pero obviamente no fue así. No contábamos entonces con que muchas de las mujeres no se quedarían embarazadas rápida y fácilmente o que algunos embarazos, por desgracia, no llegarían a término. Por cierto, qué poco se habla abiertamente de estos temas, y qué poco se investigan desde el prisma de la neuroimagen.

Para acelerar el muestreo de los participantes, nos pusimos en contacto con clínicas de fertilidad. Así, parte de las madres del estudio lo eran mediante reproducción asistida. No detectamos diferencias en función del método de concepción. De hecho, analizando los dos grupos por separado, obteníamos resultados casi idénticos. En jerga científica, replicábamos los resultados en dos muestras diferentes, algo que, por desgracia, no es muy común en neuroimagen. A raíz de ahí, profundizamos para saber lo consistentes que eran los hallazgos; para saber si afectaban, en mayor o menor medida, a todas las madres.

Aplicamos un algoritmo basado en el aprendizaje máquina, el famoso *machine learning*. Este intentaba predecir si una mujer había pasado por un embarazo o no entre las dos sesiones únicamente en función de la imagen de cambio cerebral. Sorprendentemente, obtuvimos un índice de clasificación del 100 %. Es decir, podíamos saber con total certeza si por ese cerebro había pasado un embarazo. Quizá esto *a priori* no te sorprenda, pero se trata de un índice de clasificación extremadamente inusual en neuroimagen. Para que te hagas una idea, durante mi tesis doctoral trabajé con pacientes con diagnósticos considerados graves, como el autismo o la esquizofrenia, y sobre la base de la imagen estructural del cerebro nunca fui capaz de diferenciar entre pacientes y controles con índices superiores al 60 %. De hecho, según un metaanálisis publicado recientemente por Porter y colaboradores en *Molecular Psychiatry*, el nivel de certeza para identificar si una persona tiene esquizofrenia basándose en la estructura del cerebro ronda el 75 %. En otras palabras, los cambios que observábamos en el cerebro de las mujeres con la maternidad eran, y son aún hoy en día, los más marcados, robustos y significativos que he visto en mi carrera científica.

¿QUÉ IMPLICAN ESTOS CAMBIOS CEREBRALES A NIVEL PSICOLÓGICO?

Como veremos en el capítulo siguiente, aproximadamente el 80 % de las madres se quejan de problemas de concentración y memoria con la maternidad. La literatura científica al respecto es confusa y, en ocasiones, contradictoria, pero lo cierto es que muchas mujeres sienten que su capacidad de concentración y su memoria empeoran. Algunas madres comentan que solo durante el embarazo y el posparto temprano, pero otras sienten que no han vuelto a recuperar la rapidez mental previa.

En nuestro estudio, no detectamos ninguna asociación entre los cambios cerebrales y las capacidades cognitivas. Lo que sí observamos fueron indicios de que el embarazo prepara al cerebro materno para afrontar los retos de la maternidad.

En la sesión posparto, cuando las madres ya habían tenido a sus bebés, les administramos un cuestionario que mide el vínculo materno-filial, llamado Maternal Postnatal Attachment Scale (MPAS). Vimos que cuanto más cambiaba el cerebro de las madres, mejor puntuaban estas en escalas de vínculo con el bebé. Además, cuando las madres veían fotos de sus bebés, se activaban las regiones que te he mencionado antes, entre las que destacan los nodos de la red por defecto. En otras palabras, las regiones corticales que cambian con el embarazo coinciden con las que se activan cuando una madre ve a su hijo. En conjunto, los resultados convergen con los datos en modelos animales no humanos: el embarazo modifica la anatomía del cerebro materno preparándolo para responder de forma prioritaria a estímulos del bebé, facilitando así la interacción con este, el vínculo y la conducta maternal.

¿CUÁNTO DURAN LOS CAMBIOS?

En el capítulo anterior hemos visto que, en roedores, los cambios cerebrales y conductuales inducidos por el embarazo persisten más allá del posparto temprano. ¿Ocurre lo mismo en humanos? Para contestar a esta pregunta, necesitábamos volver a evaluar a las madres pasados los primeros meses posparto.

Realizamos una tercera sesión a los dos años posparto y vimos que las reducciones en el volumen de sustancia gris persistían en todas las estructuras cerebrales, a excepción del hipocampo izquierdo. En esta región, notamos una ligera recuperación que no alcanzaba los niveles previos al embarazo. Como recordarás, el hipocampo es un núcleo subcortical muy plástico donde se crean nuevas neuronas y está ampliamente relacionado con el aprendizaje. Tal vez su incremento refleje todo ese conjunto de tareas y conocimientos que se adquieren con la maternidad, aunque esto aún no se ha demostrado empíricamente.

Recapitulemos los hallazgos de este primer estudio. Al comparar el cerebro de una mujer antes de quedar embarazada con su cerebro después del parto, observamos cambios en regiones asociadas con la percepción del yo y la empatía, coincidentes con las zonas que se activan en las madres al ver imágenes de sus bebés. Estos cambios persistían por lo menos dos años. Además, constatamos que, cuanto más marcados eran los reajustes cerebrales, mejor percibía la madre el vínculo con su bebé. Por fin habíamos podido dar respuesta a nuestra primera pregunta, a ese enigma, o mejor dicho, secreto a voces, que todas las madres intuían, pero que apenas había despertado interés en la comunidad científica. El cerebro de la mujer cambia profundamente con el embarazo y los cambios facilitan la conducta maternal. Gracias a imágenes cerebrales, diseños experimentales sólidos y umbrales estadísticos restrictivos, la sabiduría popular sobre el embarazo humano se convertía en un fenómeno medible y sujeto a ser investigado. La transición a la maternidad y su impacto en el cerebro humano gozaba de la relevancia suficiente como para ser tomada en serio por parte del panorama médico y científico imperante.

4. Las navidades de 2016

Llevar a cabo el estudio nos costó mucho más tiempo del que planeamos. Las primeras participantes se evaluaron en mayo de 2009 y el estudio salió publicado en febrero de 2017, para entonces, las tres investigadoras éramos ya madres. En la radio ya no sonaba «Viva la vida», de Coldplay; la canción de moda en España era, irónicamente, «Despacito», de Luis Fonsi. En los últimos años tuvimos que colaborar en la distancia. Pese a los kilómetros, y la maternidad, o tal vez gracias a esta última, persistimos en sacar adelante el interminable proyecto. Con la perspectiva temporal y las piedras que encontramos en el camino, reinterpretamos los motivos por los que este tipo de estudios no se habían realizado antes. Quizá no se debía únicamente al sesgo en biomedicina. Abordar un estudio de esta envergadura exigía un enorme compromiso prolongado en el tiempo difícil de encajar con la mayoría de los contratos científicos y proyectos de investigación, que tienen una duración muy limitada y exigen resultados a corto plazo.

Cuando el estudio salió a la luz, Elseline ya había finalizado sus estudios de doctorado y se encontraba en su país natal, Holanda. Erika, que finalmente hizo su tesis doctoral sobre los cambios cerebrales durante el embarazo, había dejado a un lado la investigación para centrarse en la práctica clínica, en la que tenía, y sigue teniendo, un gran reconocimiento. Y yo, tras realizar una estancia posdoctoral de dos años y medio en Estados Unidos, había vuelto a España. En concreto a Madrid, donde nació mi grupo de investigación y mi nuevo yo como madre.

Apenas un año y medio separa el nacimiento de mi hija de la publicación del estudio que os acabo de contar. Nada puede compararse con la emoción que sentí cuando nació mi hija, pero confieso que la publicación del artículo también trastocó mi vida. Recuerdo que la revista *Nature Neuroscience*, una de las más prestigiosas en el campo de la neurociencia, nos informó de que el artículo se publicaría en el volumen de la revista de febrero de 2017, pero estaría disponible en versión online a mediados de diciembre de 2016. «¡Qué bien, para Navidad!», pensé, y no le di más importancia. No porque no valorara el hito de publicar en una revista de tan alto impacto, sino porque ya lo había ido celebrando poco a poco durante el largo proceso de revisión, que suele durar un año.

LA DEMORA EN LA CIENCIA

La próxima vez que leas un artículo científico, fíjate en que suelen aparecer cuatro fechas. La fecha en la que los autores entregan el manuscrito, la fecha en la que la revista lo acepta, la fecha en la que se publica online y la que aparecerá en la referencia cuando se cite el artículo. En el caso de la publicación que te acabo de contar, que por cierto lleva por título «Pregnancy leads to long-lasting changes in the human brain», puedes leer en el pie de página que el manuscrito se envió el 24 de febrero de 2016, se aceptó el 15 de noviembre de 2016, se publicó online el 19 de diciembre de 2016, y apareció impreso en el volumen de la revista de febrero de 2017. Los avances científicos suelen tener este margen de demora; lo que se publica hoy hace más de un año que se descubrió. Y eso con suerte, hay revistas en las que el proceso de publicación se retrasa bastante más.

A mi entender, el artículo ya había sobrepasado las expectativas iniciales. Se había convertido en el eje de nuestra investigación y la calidad de su publicación me permitía mantenerme en un sistema científico tan competitivo e inestable como el español. Los científicos en España estamos sujetos a contratos temporales de entre dos y cinco años de duración y a durísimas comisiones de evaluación que determinan si se concede o no el siguiente contrato, es decir, si puedes seguir investigando o te buscas la vida y te dedicas a otra cosa. En el momento de la publicación me encontraba redactando un proyecto para el Instituto de Salud Carlos III y, si me lo concedían, podría asegurarme mi salario durante los siguientes cinco años. Es tan penoso y precario como suena. Deseaba seguir investigando en el campo de la maternidad. Y contar con una publicación en *Nature Neuroscience* en mi currículum, sin lugar a duda, me allanaba el camino. Eso, por sí solo, ya era motivo suficiente para celebrar.

Pero el artículo aún aguardaba más sorpresas. A medida que se acercaba la fecha de publicación, nuestras instituciones científicas se coordinaban con finísima precisión para lanzar una nota de prensa. Entonces, no comprendía el motivo de semejante ajetreo. Pero cuando el manuscrito se publicó en la web, lo entendí: los resultados despertaron un enorme interés mediático. No solo hablaron de él en medios nacionales, como *El Mundo*, *El País* o Televisión Española, sino que lo cubrían también en la CNN, en el *New York Times* y en el *Washington Post*, entre otros. La revista *Science* incluyó nuestro estudio entre los descubrimientos científicos más destacados del año. Incluso la famosa serie *The Big Bang Theory* hizo referencia a los hallazgos en un par de episodios. De la noche a la mañana, los medios de comunicación, tanto nacionales como internacionales, comenzaron a llamarnos interesados por saber qué sucede en el cerebro de una mujer con el embarazo y la maternidad.

Además de regalarnos unas navidades moviditas, el

artículo contribuyó a mantenerme en el exigente sistema de investigación nacional. Recibí la financiación que os mencionaba, un contrato Miguel Servet que se acompañaba de fondos para realizar un proyecto de investigación sobre las bases neuronales del embarazo y la maternidad. Gracias a estos recursos y a otros que fueron llegando con los años, mi maravilloso grupo de investigación, Neuromaternal (www.neuromaternal.com), fue creciendo.

5. Neuromaternal

Te ahorraré la lista completa de los personajes nuevos que se incorporan a esta parte de la historia. Que conste que no lo hago por desgana, sino por cuestiones de estilo. No quiero parecer una de esas personas que aparecen en la televisión o la radio y, tras un «aprovecho para saludar», suelta una lista infinita de nombres que a la audiencia ni le va ni le viene. Los personajes de esta parte de la historia saben quiénes son y cuánto valoro su trabajo y amistad.

Pero ni siquiera por cuestiones de estilo me perdonaría no mencionar a Magdalena Martínez García y a María Paternina-Die. Estas dos mujeres, que tuvieron la valentía de mudarse a Madrid para realizar su doctorado conmigo, son una pieza fundamental de los estudios que describiré a continuación. Tampoco puedo seguir sin nombrar a Daniel Martín de Blas, una de las personas más inteligentes que conozco y que se incorporó al laboratorio hace cuatro años tras acabar su doctorado en Física Teórica en la Universidad de Chile. Ya ves, al final no he podido evitar ser esa señora que aprovecha para saludar. En este caso, para agradecer y ensalzar el trabajo tan maravilloso que han hecho, y que siguen haciendo, las investigadoras y los investigadores del grupo. Ahora sí, volvamos al cerebro de las madres.

Habíamos demostrado que el cerebro de la mujer cambia profundamente con el embarazo, que los cambios persisten al menos dos años tras el parto y que parecen preparar a la madre para afrontar los retos de la maternidad. ¿Y ahora qué? Como suele decirse «a veces buscar respuestas solo conduce a más preguntas». Esta era una de esas veces. A raíz de los resultados, surgieron otras tantas preguntas que han sido el foco de nuestra investigación. Te muestro algunas de las más relevantes.

PREGUNTA 1: ¿LOS CAMBIOS CEREBRALES QUE ACOMPAÑAN A LA MATERNIDAD SON SIMILARES A LOS QUE ACONTECEN DURANTE LA ADOLESCENCIA?

Como te decía, el estudio inicial tuvo un gran impacto mediático. La mayoría de los medios de comunicación cubrían la noticia de forma adecuada y parecían haber entendido los resultados, pero otros se atascaban con las reducciones de volumen. Las asociaban directamente a procesos degenerativos, como los que ocurren en patologías tipo alzhéimer, y soltaban titulares del estilo «a las mujeres se les atrofia el cerebro con el embarazo». Cuando se nos daba la oportunidad de réplica, les aclarábamos que una reducción de volumen no necesariamente implica una atrofia o degeneración cerebral.

Explicábamos que en biología a veces «menos es más». Utilizábamos como ejemplo lo que sucede en la adolescencia. Les hablábamos de todos los estudios que demuestran que la transición de niño a adulto se caracteriza por reducciones en el volumen de sustancia gris y que la localización y el patrón temporal de estas reducciones coincide con la maduración cognitiva. Que aquellas áreas que sustentan procesos más básicos, como la coordinación motora, son las que maduran antes, esto es, muestran reducciones de volumen a edades más tempranas, mientras que las que acogen funciones más sofisticadas, como el razonamiento moral, alcanzan el pico de maduración una vez entrada la vida adulta. Hablando claro, les recordábamos que el cerebro de un niño va perdiendo volumen de sustancia gris a medida que se convierte en adulto y sus funciones mentales alcanzan lo que nuestra sociedad considera «madurez».[14]

Les enumerábamos también los paralelismos que existen entre maternidad y adolescencia. Todos aquellos de los que te he hablado cuando he introducido el término «matrescencia» en el capítulo II. Entre ellos, el aumento de las hormonas sexuales y los cambios físicos, los psicológicos y los sociales. Nunca había escuchado a nadie decir que el cerebro de un niño se atrofia cuando entra en la vida adulta y me sorprendía la facilidad con la que un mismo dato se interpretaba de forma tan diferente cuando se aplicaba a las mujeres y la maternidad.

14. De hecho, esta maduración progresiva respalda, desde el punto de vista neurocientífico, que el sistema legal no juzgue de la misma manera a un menor cuya corteza implicada en el razonamiento moral, la corteza orbitofrontal, aún no ha madurado.

En resumen, utilizábamos todos estos argumentos cada vez que salía el tema de la «atrofia» en las madres, pero lo cierto es que no habíamos demostrado empíricamente que los cambios neuroanatómicos que ocurren durante el embarazo se asemejaran a los que acompañan a la adolescencia. Lo demostramos en 2019.

Evaluamos a mujeres antes y después de su primer embarazo, y a niñas antes y después de la pubertad. Como en el estudio anterior, también incluimos a un grupo control de mujeres sin hijos. En este caso, no nos quedamos solo con el volumen de sustancia gris; utilizamos una metodología que nos permitió cuantificar múltiples parámetros corticales como los que se detallan en la figura 10. Estos incluían el volumen cortical, el área de la superficie cortical, el grosor cortical, el índice de girificación cortical, la profundidad, anchura y longitud de los surcos cerebrales y varios indicadores de la sustancia blanca.

A

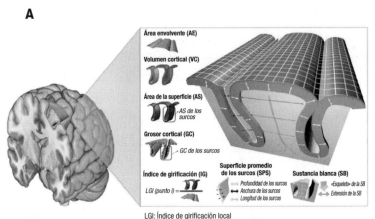

Área envolvente (AE)

Volumen cortical (VC)

Área de la superficie (AS)
· AS de los surcos

Grosor cortical (GC)
· GC de los surcos

Índice de girificación (IG)
LGI (punto i) =

Superficie promedio de los surcos (SPS)
→ Profundidad de los surcos
↔ Anchura de los surcos
→ Longitud de los surcos

Sustancia blanca (SB)
«Esqueleto» de la SB
↔ Extensión de la SB

LGI: Índice de girificación local

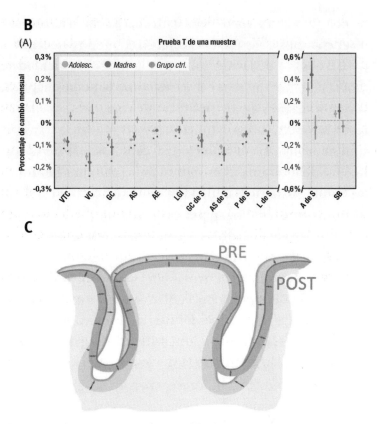

Figura 10: A) Métricas corticales cuantificadas en el estudio. B) Porcentaje de cambio estimado para cada una de las métricas corticales. C) Ilustración de los cambios en la corteza cerebral. Imagen adaptada de Carmona *et al., Human Brain Mapping*, 2019.

Los resultados fueron rotundos. Los cambios que se observan durante la maternidad son similares a los que se producen durante la adolescencia. Ambas etapas vitales se caracterizan por un aplanamiento de la corteza, es decir, una corteza más delgada y menos engrosada con surcos más cortos, más estrechos y menos profundos. He aquí un dato más para apoyar la matrescencia, pero, cuidado, aún no sabemos qué ocurre a nivel celular. Recuerda que la resonancia magnética nos obliga a ver el cerebro en modo Minecraft.

En el caso de la adolescencia, la neuroplasticidad se asocia con mecanismos celulares como la poda sináptica, la remodelación dendrítica o la mielinización, que favorecen la especialización funcional y optimizan la transmisión neuronal. En la maternidad, estamos más perdidos. Los modelos animales muestran tanto cambios neuronales como gliales que dependen de la región del cerebro. Algunos autores abogan por procesos similares a los que ocurren durante la adolescencia: mielinización, poda sináptica y reestructuración en las ramificaciones de las dendritas neuronales. Otros, señalan la contribución de la glía, en concreto a la microglía. Sugieren que, durante el embarazo, estas células del sistema inmune cerebral se adaptan variando su número, forma y funcionamiento como hacen el resto de las células del sistema inmune materno. Se trata de una hipótesis muy interesante, ya que, cómo vimos, la microglía tiene receptores de estrógenos y está implicada en procesos de remodelación neuronal. Muy probablemente, lo que observamos en las madres a escala de resonancia magnética sea el resultado de la interacción entre varios procesos celulares que esperamos puedan esclarecerse en investigaciones futuras. Quién sabe, puede que en humanos también se creen nuevas neuronas en el cerebro de la madre que migren a distintas regiones para responder de forma específica a estímulos del bebé. Es más, puede que algunas de esas neuronas sean células fetales, microquimerismos, células con ADN del bebé que se quedan para siempre en nuestro cerebro, que convierten el cerebro de la madre en una quimera en la que, literalmente, conviven dos organismos genéticamente distintos. Parece ciencia ficción, pero no lo es.

PREGUNTA 2: ¿LAS REGIONES SUBCORTICALES TAMBIÉN CAMBIAN?

Hasta ahora te he descrito cambios anatómicos en la corteza cerebral, cuya estructura y función es especialmente compleja en los seres humanos. Surge la pregunta entonces de si las regiones subcorticales que gobiernan la conducta maternal en roedores —hipotálamo, amígdala, núcleo accumbens— se modifican también con el embarazo humano. Recuerda que se trata de regiones cuyo procesamiento, *a priori*, escapa de la consciencia, que son más arcaicas filogenéticamente hablando y que, por lo general, cumplen funciones más instintivas.

Actualmente estamos realizando estudios para saber qué sucede exactamente en estas áreas. Por ahora no te puedo desvelar todos los resultados, pero sí te puedo hablar de algunos hallazgos en el núcleo accumbens. En el año 2020, publicamos un estudio mostrando que el volumen del núcleo accumbens también cambia con el embarazo y, cuanto más cambia, más se activa cuando la madre ve fotos de su bebé. Se trata de otro datos más que respalda la hipótesis de que los cambios cerebrales facilitan la conducta maternal. En concreto, en el caso del núcleo accumbens, lo harían intensificando el valor incentivo del recién nacido y preparando a la madre para responder fuertemente a las señales de este.

PREGUNTA 3: LOS CAMBIOS CEREBRALES, ¿REMITEN CON EL TIEMPO O SON DE POR VIDA?

Una vez te conviertes en madre, ¿eres madre para siempre? Según la psicología, sí, pero ¿qué dice la neurociencia? En el estudio previo, vimos que el embarazo produce cambios que persisten, al menos, dos años después del parto. Sin embargo, los dos primeros años se consideran periodos críticos en la crianza. En promedio, las madres destetan a los dos años. Además, los primeros dos años, junto con el periodo intrauterino, se conocen como «los primeros mil días de vida», una etapa en la que los pequeños son extremadamente dependientes y durante la cual su cuidado requiere una gran inversión maternal. ¿Vuelve el cerebro a su estado basal una vez superada esta etapa?

Otras investigadoras internacionales que he tenido el placer de conocer, como Anne Marie de Lange, del Hospital Universitario de Lausana, o Edwina Orchard, de la Universidad de Yale, habían abordado esta cuestión realizando estudios con grandes bases de datos de imágenes cerebrales. En concreto, utilizaron una muestra recogida por una iniciativa llamada UKBiobank. En este biobanco, se incluyen decenas de miles de imágenes cerebrales de mujeres de entre cuarenta y setenta años. Tanto Anne Marie como Edwina observaron que el cerebro de mujeres que habían sido madres décadas atrás era diferente al de mujeres que no lo habían sido. En conjunto, sus estudios sugieren que el embarazo y la maternidad dejan una huella imborrable en el cerebro de la mujer.

UK Biobank

El UK Biobank, o Biobanco del Reino Unido, es una base de datos biomédicos y un recurso de investigación a gran escala que contiene información genética y sanitaria detallada. La base de datos se actualiza y crece de forma constante. Actualmente recoge a más de medio millón de participantes británicos.

Anne Marie, por ejemplo, utilizó un algoritmo que predecía la edad en función de la imagen cerebral, y observó que aquellas mujeres que habían sido madres mostraban rasgos cerebrales menos envejecidos que sus controles nulíparas. En palabras de la propia investigadora, «las madres mantienen un cerebro más joven». También determinó que, a mayor número de hijos, más joven se mantiene el cerebro. Se desconoce el mecanismo por el cual esto sucede. Algunas investigadoras, entre ellas Anne Marie, hipotetizan que parte de los cambios cerebrales, inmunes y endocrinos que acompañan al embarazo modulan la forma en la que la mujer se enfrenta a la menopausia, y esta, a su vez, incide en el proceso de envejecimiento cerebral asociado a la edad. Otra de las hipótesis que barajan los investigadores es que el estilo de vida asociado a la crianza contribuye a mantener el cerebro más joven. Lo veremos en mayor detalle en el siguiente capítulo.

Entonces, ¿cuantos más hijos tienes, más joven está tu cerebro? Sí, pero hasta cierto punto. Según Anne Marie, esta tendencia se invierte a partir de cuatro hijos. En su estudio observó que las mujeres con cuatro hijos o más presentaban un mayor envejecimiento cerebral que se acentuaba a medida que incrementaba el número de hijos.

Algo parecido sucede en la enfermedad de Alzheimer. De cada tres pacientes con alzhéimer, dos son mujeres. Las mujeres parecen tener un mayor riesgo de padecer la enfermedad y este efecto sigue presente incluso cuando se controla por la mayor longevidad típica de estas. Tanto la nuliparidad como la multiparidad (más de cinco hijos) se han asociado con un mayor riesgo de demencia, pero los datos aún no son suficientemente consistentes. Parece ser que el efecto está regulado por el riesgo genético de padecer la enfermedad —el conocido gen APOE— así como por alteraciones cardiovasculares e inmunoendocrinas. Entre las investigadoras en este campo, destaca la catalana Anna Brugulat, del centro de investigación Barcelona Beta, y Claudia Barth, del Diakonhjemmet Hospital, en Oslo. Como ves, estudiar el impacto del embarazo en el cerebro tiene repercusiones que van más allá de la maternidad y puede aportarnos grandes avances en el campo del envejecimiento y la salud mental.

EL GEN APOE

El gen APOE está involucrado en el metabolismo de lípidos y colesterol en el cerebro, y sus diferentes variantes influyen en el procesamiento de la proteína beta-amiloide, una proteína asociada con la patología de la enfermedad de Alzheimer.

Aunque estos estudios apuntan a que la maternidad produce cambios que persisten de por vida, no debemos olvidar que utilizan diseños transversales, es decir, comparan a grupos de sujetos (en este caso, madres *vs.* no madres) en un único punto temporal. Esto supone una limitación que nos llama a ser cautelosas interpretando los hallazgos. En los estudios transversales es difícil descartar el efecto de posibles diferencias preexistentes en cada uno de los grupos, como por ejemplo el estatus socioeconómico, el estilo de vida, la fertilidad u otros aspectos que pudieran diferenciar a las mujeres de base. Por ejemplo, podría darse el caso de que la salud cerebral dependa del estatus socioeconómico y cultural y este, a su vez, influya en el número de hijos. También podría ser que las mujeres con problemas de fertilidad tuvieran un envejecimiento cerebral acelerado, o que las mujeres con riesgo genético de alzhéimer fueran más fértiles de lo normal, o que simplemente ciertos rasgos cerebrales y mentales de base influyan en el deseo de reproducirse. Remarco en este caso el «podría darse el caso» porque, a diferencia de todo lo que he escrito en este libro, en este punto concreto no me baso en ningún tipo de evidencia científica para ejemplificar la cuestión. Utilizo estos ejemplos solo para demostrarte que, si queremos dar una respuesta más fiable a la pregunta de si los cambios cerebrales inducidos por el embarazo persisten en el tiempo, debemos realizar estudios longitudinales. Así que nos pusimos a ello.

Contactamos con las participantes de nuestro primer estudio y les preguntamos si les apetecía formar parte de una nueva sesión a los seis años tras el parto. El primer problema que nos encontramos es que muchas de las mujeres que formaban el grupo de madres ya habían tenido un segundo hijo, y muchas de las mujeres que formábamos el grupo control, como Elseline y yo, ya nos habíamos convertido en madres. Como resultado, la muestra final de este estudio fue muy pequeña: siete madres y cinco controles nulíparas. Sin embargo, aunque reducida, a día de hoy es la única muestra longitudinal que sigue a las mujeres desde antes de la concepción hasta los seis años posparto.

En estadística, a mayor número de participantes, mayor probabilidad de que los resultados sean significativos, aunque el efecto que estés midiendo sea pequeño. En nuestro estudio, pese a que la muestra era pequeña, la estadística nos mostraba que las reducciones en la red por defecto seguían presentes a los seis años posparto (figura 11).

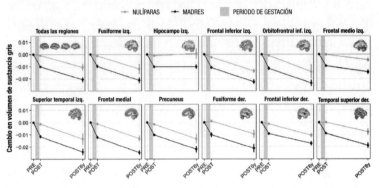

Figura 11: Cambios en el volumen de sustancia gris en diferentes regiones cerebrales a lo largo de tres puntos temporales: PRE = antes del embarazo, POST = a los 2-3 meses posparto y POST6y = a los 6 años tras el parto. En gris se muestra la trayectoria de las mujeres nulíparas y en negro la trayectoria de las madres. Imagen extraída del artículo de Martínez-García *et al.*, *Brain Sciences*, 2021.

Se trata de datos preliminares que deberán confirmarse en un futuro con muestras mucho más grandes. Actualmente colaboramos con varios centros internacionales para crear una gran base de datos longitudinal que nos permita investigar, de forma más sólida, cómo la historia reproductiva de la mujer moldea su cerebro a largo plazo.

PREGUNTA 4: ¿SE MODIFICA TAMBIÉN EL CEREBRO DEL HOMBRE?

Esta es, sin lugar a duda, la pregunta que más me han hecho: «¿El cerebro de los padres no cambia nada?». Recuerdo incluso algunas personas que directamente asociaban los cambios cerebrales con los cuidados parentales y me preguntaban: «Entonces ¿el padre no es capaz de vincularse y cuidar a su hijo?».

Permitidme primero aclarar la segunda de las cuestiones. Los cambios en la neuroanatomía cerebral contribuyen a la conducta maternal, pero no la determinan. Es decir, las adaptaciones en el cerebro materno predicen las puntuaciones en escalas de vínculo, sin embargo, eso no implica que, si no se producen cambios en el cerebro, la madre (o, en este caso, el padre) sea incapaz de vincularse con el bebé. Tal vez lo veamos más claro si reemplazamos las variables «cambio cerebral» y «vínculo» por otras. Por ejemplo, hay investigaciones que sugieren que las personas que tienen mascotas tienden a puntuar más alto en escalas de calidad de vida. Pero poseer una mascota no es un requisito indispensable para disfrutar de una buena calidad de vida. La conducta parental y, en especial, la humana, no depende de un único factor. Si así fuera, nuestra especie habría sido un desastre en términos evolutivos.

Además, recordemos que las imágenes por resonancia magnética nos permiten detectar cambios cerebrales a gran escala, pero carecen de la precisión necesaria para detectar cambios sutiles, como los que ocurren en los neurotransmisores o las ramificaciones dendríticas de las células cerebrales, que, sin duda, también modulan la psique. En resumen, que no detectemos cambios cerebrales por resonancia magnética no implica que no haya adaptaciones a una escala más fina, ni que el cuidador sea incapaz de establecer un vínculo con el bebé.

Dicho esto, abordemos ahora la primera de las cuestiones: ¿el cerebro del padre no cambia nada? El cerebro de los padres cambia, pero los cambios son mucho menos evidentes que los que se observan en la madre.

Cuando analizamos los resultados del primer estudio de 2017, en el que se incluía tanto a las madres como a los padres, tuvimos que recurrir a un umbral estadístico muy restrictivo. Los cambios en el cerebro de las madres eran tan marcados y relevantes que debíamos asegurarnos, mediante el filtro de la estadística, de que la probabilidad de detectar cambios que no fueran reales fuese mínima. En términos científicos, optamos por un umbral de significancia sumamente restrictivo con el fin de minimizar al máximo la posibilidad de obtener «falsos positivos». Como consecuencia, solo nos quedamos con los cambios que presentaban un altísimo nivel de certeza estadística, perdiendo por el camino aquellos que eran probables pero no podíamos respaldar con la misma seguridad. Pues bien, al aplicar esta estricta guillotina estadística, no veíamos cambios en el cerebro de los padres.

Sin embargo, cuando observábamos los datos en crudo, se desvelaba un patrón como el que se muestra en la figura 12. En los padres no se observan reducciones tan marcadas como en las madres, pero su cerebro tampoco se mantiene exactamente igual, como ocurre en el grupo de los controles sin hijos. Por decirlo de algún modo, los cambios cerebrales en los padres están a caballo entre los de las madres y los de los controles, y son más cercanos a estos últimos. A nivel individual, vemos como algunos padres cambian un poco y otros no cambian nada.

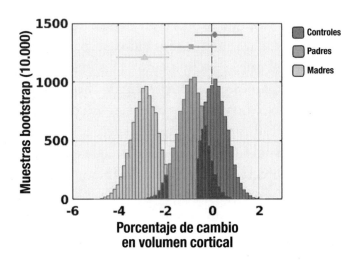

Figura 12: Estimación del porcentaje de cambio en volumen cortical en madres, padres y controles. Figura extraída de Paternina-Die *et al.*, *Cerebral Cortex Communications*, 2020.

Motivadas por estos hallazgos, decidimos explorar en mayor detalle qué ocurría en el cerebro de los hombres, en especial en el de aquellos que sí cambian cuando se convierten en padres.

El primer estudio en padres lo publicamos en plena pandemia de la COVID-19. En él volvimos a analizar los cerebros usando una metodología algo más sensible y unos criterios estadísticos mucho menos restrictivos. Al relajar el umbral de significancia, constatamos que en los padres también se producen reducciones, pero mucho más sutiles que en las madres. En concreto, vimos que disminuía ligeramente el grosor cortical del precuneus, uno de los nodos de la red por defecto, y que cuanto más pronunciada era la reducción, más se activaba esta área ante fotos del bebé.

En uno de los descansos intermedios que nos dio la pandemia, mi entonces estudiante de doctorado Magdalena Martínez-García realizó una estancia de seis meses en la University of Southern California. Allí trabajó con una científica americana llamada Darby Saxbe, con la que habíamos empezado a colaborar antes de que cerraran las fronteras. Darby estaba llevando a cabo una investigación similar a la nuestra en hombres americanos: estudiaba su cerebro antes y después del nacimiento de su primer hijo. Así que decidimos analizar los datos de forma conjunta, combinando nuestra muestra de padres españoles con la suya de padres americanos.

Vimos que, a pesar de que los padres procedían de países cuyas culturas y políticas sociales son diferentes, sus cerebros experimentaban cambios similares. De nuevo, pese a que se trataba de cambios significativos, estos eran mucho menos pronunciados y consistentes que los que se observan en madres. Este estudio también tuvo una gran relevancia mediática. Apareció en *The Economist*, lo mencionaron en un *late-show* americano llamado *The Late Show With Stephen Colbert*, e incluso el mismísimo Elon Musk retuiteó la noticia de reducciones cerebrales en padres con un: *Uh oh, mine must be tiny!* (en español, «Uh, oh, ¡el mío [cerebro] debe de ser pequeño!»). Por cierto, yo aproveché el tuit para decirle que, si le interesaba el tema, nos podía financiar. Que con lo que él gana en cinco segundos, en España se financian proyectos de cinco años de duración —no me inventé el dato, lo estimé a partir de información que encontré en la web—. Como era de esperar, el señor Musk ni contestó.

Después de este estudio continuamos explorando el cerebro de los padres en colaboración con el grupo de Darby Saxbe. Esta vez nos centramos en el hipocampo y miramos sobre todo el periodo posparto. De acuerdo con los modelos animales, el hipocampo desempeña un papel crucial en los aspectos del comportamiento maternal que se aprenden a través de la interacción con las crías durante el posparto. Además, como recordarás, es la única región en la que se ha evidenciado neurogénesis en humanos, y es también la única que mostraba aumentos de volumen en las madres a los dos años tras el parto.

Efectivamente, en los padres también veíamos un aumento en el volumen del hipocampo. Además, cuanto más aumentaba, más puntuaban estos padres en escalas de vínculo y menos en escalas de estrés parental. También observamos que los padres que experimentaban más incrementos en el hipocampo eran aquellos con mayores niveles de oxitocina durante el embarazo y menores niveles de testosterona después del parto.

Estos y otros estudios internacionales sugieren que en los padres los cambios se producen a través de la ruta de «sensibilización parental» que ya vimos en roedores. Ese fenómeno por el cual la interacción continua con el bebé modifica el cerebro de cuidadores no gestantes e induce lenta y progresivamente ciertos aspectos de la conducta «maternal».

Por ejemplo, la investigadora Pilyoung Kim, de la

Universidad de Denver, constató que cuanto más implicado está el padre en la crianza, más cambia su cerebro. En otro artículo, Eyal Abraham, de la Universidad de Columbia, en Nueva York, vio que los padres que adquieren el rol de cuidador principal y pasan mucho tiempo con el bebé muestran una activación en la amígdala similar a la que se observa en las madres.

Simplificando el mensaje al máximo, en el cerebro de las madres se combinan factores gestacionales, como las hormonas, con factores ambientales relacionados con la crianza, como la interacción con el bebé. En cambio, en los padres, los segundos son los que adquieren todo el protagonismo. Pese a que aún es muy pronto científicamente hablando para aventurarnos con conclusiones contundentes, todo apunta a que cuanto más tiempo pase el padre al cuidado del bebé —tiempo de calidad, por supuesto— más cambiará su cerebro, más se adaptarán sus hormonas y más se facilitará la conducta parental. Veremos si esta hipótesis se confirma con los años y las revisiones sistemáticas tan necesarias en nuestra área.

Volvamos al cerebro de las madres. Me hace especial ilusión hablarte de nuestra última publicación. Se trata de un artículo que salió a la luz el 5 de enero de 2024 en la revista *Nature Neuroscience*. Lleva por título «Women's neuroplasticity during gestation, parturition and postpartum», y las primeras autoras son María Paternina-Die y Magdalena Martínez-García. En este estudio analizamos los efectos del embarazo, parto y posparto en el cerebro. Estos tres procesos son muy diferentes a nivel hormonal, inmunológico y ambiental; ¿lo serán también a nivel cerebral?

PREGUNTA 5: ¿LA NEUROPLASTICIDAD DURANTE EL EMBARAZO ES IGUAL QUE LA DEL POSPARTO?

Si en 2010 hubieses buscado en internet «¿Cómo cambia el cerebro de una madre?», seguramente te hubieras encontrado con varios artículos de divulgación que hablaban de aumentos en el volumen de sustancia gris. Sí, aumentos, no reducciones. En 2010, la investigadora Pilyoung Kim publicó un estudio en el que comparaba el cerebro de las madres en diferentes momentos del posparto y encontraba incrementos de volumen. Años más tarde, Nina Lisofsky, del Max Planck Institute (2019), o Eileen Luders, de la Universidad de Auckland, en Nueva Zelanda (2020), hallaron lo mismo.

¿Cómo se combinan estos resultados aparentemente contradictorios? Al tratar de unificar las ventanas temporales entre los diferentes estudios emergía una posible trayectoria: reducciones de volumen durante el embarazo, con un pico en el momento del parto, y que revierten ligeramente en el posparto temprano, pero no retornan a los niveles previos al embarazo (recuerda que los cambios en la red por defecto pueden observarse hasta los dos y seis años tras el parto). Hicimos un estudio para comprobar si esta teoría era cierta.

Algunos miembros motivados del equipo y yo nos pasamos el sofocante verano madrileño de 2021 adquiriendo imágenes cerebrales, entrevistando a madres y, lo mejor de todo, sosteniendo a algún que otro bebé mientras las madres realizaban las pruebas en la sesión posparto. En este estudio el diseño era ligeramente diferente al primero. Evaluábamos a las madres al final de su embarazo, en promedio a las 36 semanas de gestación, y de nuevo durante el primer mes de posparto. La muestra estaba formada por 139 mujeres embarazadas y 58 mujeres nulíparas de control.

Al analizar los datos, constatamos que el cerebro de las madres ya mostraba reducciones en el volumen de sustancia gris cortical antes del parto. Es decir, antes de que el bebé naciera, el cerebro de la madre ya había cambiado. Viendo estos resultados, tendríamos que reajustar la famosa frase de «Cuando nace un bebé también nace una madre»; por lo que vemos en nuestro estudio, la madre, o por lo menos su cerebro, «re-nace» antes de que lo haga el bebé.

El parto parecía ser un punto de inflexión en los cambios cerebrales. Tras este, las reducciones cerebrales revertían parcialmente a medida que progresaba el primer mes posparto. En el posparto, observábamos incrementos en el volumen cerebral, aunque no en todas las redes por igual. Las regiones de la red por defecto apenas aumentaban durante el posparto en comparación con el resto, lo cual encajaba con que fueran las únicas en las que seguíamos observando reducciones años tras el parto.

Actualmente estamos llevando a cabo un estudio en colaboración con el grupo de investigación de Òscar Vilarroya, en el Parc de Recerca Biomèdica de Barcelona. Él fue mi director de tesis, mi mentor y una de las personas con las que empecé esta investigación. Gracias a este proyecto, que tiene por nombre Bemother, podremos delimitar de forma detallada el curso temporal de los cambios, la contribución de las hormonas en estos y el impacto que tienen en el vínculo y la conducta maternal. Estate atenta, porque en breve sacaremos resultados.

PREGUNTA 6: ¿CÓMO INFLUYE EL TIPO DE PARTO?

El estudio que acabamos de publicar en *Nature Neuroscience* también analiza si el tipo de parto influye en la plasticidad cerebral. La mayor parte de las participantes tuvieron un parto vaginal, 12 tuvieron cesárea de emergencia y 11 cesárea programada. Al comparar estos grupos entre sí, vimos que los cambios cerebrales eran diferentes en mujeres que habían dado a luz por cesárea programada. En cambio, no detectamos diferencias significativas entre las mujeres que parieron vaginalmente y las que tuvieron una cesárea de emergencia tras trabajo de parto inicial.

Lo que sucede a nivel cerebral en humanos durante el parto sigue siendo un misterio o, mejor dicho, aún se sustenta en escasa ciencia. No obstante, sabemos que el parto no es solo un proceso físico-mecánico, sino una experiencia extrema en la que participan factores hormonales, inmunológicos, neuronales, psicológicos y ambientales. Una cascada de señales entre la unidad fetoplacentaria y el cuerpo y el cerebro materno que fluye y se retroalimenta en ambas direcciones. Hablamos de señales proinflamatorias, impulsos eléctricos y mensajeros hormonales como los estrógenos, las prostaglandinas y la oxitocina que constituyen el cóctel necesario para desencadenar y modular las contracciones uterinas, y el borrado y la dilatación del cuello uterino. Pues bien, todos estos ingredientes que desencadenan el trabajo de parto también pueden inducir mecanismos de neuroplasticidad cerebral. En palabras de la psiquiatra infantil Ibone Olza, «el parto, muy probablemente, sea la traca final a los cambios en el cerebro de la madre».

En la misma línea que mi querida Ibone Olza, la filósofa Orli Dahan, de Israel, define el parto como un estado alterado de consciencia que se caracteriza por distorsión de la percepción del tiempo, desinhibición social, reducción del dolor y sensación de flotación, calma y paz. Ella lo llama «consciencia de parto». Es posible que, tal y como sugiere Orli Dahan, los cambios que observamos durante el embarazo estén dirigidos a preparar a la mujer, no solo para maternar, sino también para parir. La teoría es que estos cambios facilitarían la desinhibición cortical de la madre permitiendo que la parte más subcortical, inconsciente y animal de nuestro cerebro tome el control. Quizá, para dar a luz y criar, sea necesario sentir más y pensar menos.

Pero repito, todo esto son opiniones basadas en escasa ciencia. De hecho, en 2021, Orli Dahan escribió un artículo titulado «El cerebro del parto: una laguna en la neurociencia», donde resaltaba la falta de estudios neurocientíficos sobre este evento. Nuestros hallazgos arrojan algo de luz a esta hipótesis sugiriendo que el trabajo de parto desencadena mecanismos de neuroplasticidad específicos, independientemente de si termina en parto vaginal o en cesárea de emergencia. Lamento no poder profundizar más sobre cuáles son estos mecanismos. Sinceramente, aún no tenemos claro qué sucede a escala neuronal ni cómo estos cambios cerebrales se traducen en cambios psicológicos. Profundizar ahora sería especular y prefiero ver qué dicen los datos y los estudios que seguimos haciendo. Lo que sí te puedo decir es que es crucial investigar más a fondo el cerebro durante el parto, así como el impacto de todo el espectro de intervenciones que a menudo lo acompañan.

Hoy en día, la laguna en neurociencia del parto la suplen los estudios psicológicos y las experiencias personales. Estos últimos demuestran que la experiencia del parto incide en la salud mental de la madre y en el vínculo con el bebé. En nuestro estudio, administramos una serie de cuestionarios que medían el estrés durante el embarazo, la experiencia del parto, y los niveles de depresión y ansiedad posparto y el vínculo con el bebé. Constatamos que las madres que sufrían más estrés durante el embarazo tenían una peor experiencia de parto. A su vez, aquellas con peor experiencia de parto presentaban más síntomas de depresión y ansiedad en el posparto. También vimos que, a más depresión y ansiedad durante el posparto, peor vínculo con el bebé. Al final de este hilo de correlaciones aparecen el bebé y su bienestar. Es triste, pero algunas personas solo son conscientes de la importancia de cuidar a las madres cuando se plantean si su bienestar puede afectar al bebé. Como si las madres por sí solas no fuesen suficientemente valiosas como para ser cuidadas o merecer un campo de investigación centrado en ellas.

Hace unos años lanzamos una encuesta informal en nuestra cuenta de Instagram acerca de la experiencia de parto en la que participaron 2.500 mujeres. No entraré en detalles, puedes consultar los resultados principales en la cuenta. Solo mencionaré que las madres que catalogaron su experiencia de parto como traumática sentían más rechazo por el bebé. También observamos que el trato recibido del personal durante el parto influye fuertemente en cómo de traumática se catalogue la experiencia. Por ejemplo, una cesárea de emergencia en la que se recibió un trato adecuado por parte del personal fue mucho menos traumática que un parto vaginal en el que la percepción del trato recibido fue negativa. Recalco que no se trata de un estudio científico, sino de una encuesta informal cuyos resultados deberán ser sometidos a los estrictos estándares científicos.

Por el momento, podemos recurrir de nuevo a Orli Dahan. En su artículo teórico publicado en 2023, la autora sostiene que en el parto es esencial considerar tanto el estado mental alterado de consciencia en el que entra la persona como el entorno que la rodea. De acuerdo con Dahan, el estado alterado de consciencia durante el parto magnifica los efectos del entorno. Según sea este, el parto puede resultar una experiencia empoderadora y liberadora para la mujer o, por el contrario, una traumática e incapacitante.

Al acabar esta sección, siento que me vuelve a poseer el espíritu de la señora que quiere saludar. En este caso quiero agradecer su participación a las madres que se ofrecen a colaborar en nuestros estudios. Gracias por regalarnos un periodo vital tan bonito y especial como es el nacimiento de vuestro primer hijo. Gracias por esos wasaps avisándonos, algunas incluso con foto incluida y aún desde el hospital, de que el bebé ya había nacido. Gracias por dejarnos acariciar a vuestros pequeños en la sesión posparto. Gracias por dedicarnos unas horas en el apretado y caótico primer mes posparto. En resumen, gracias por contribuir al conocimiento científico sobre el cerebro maternal y por la sororidad que nos demostráis a diario.

¿Y AHORA QUÉ?

Seguramente, mientras leías los resultados de los diferentes estudios, te hayan surgido más preguntas. Puede que algunas de ellas coincidan con las que estamos investigando ahora. Lo más emocionante de sumergirse en un campo de investigación previamente inexplorado es la infinidad de preguntas que vislumbramos en el horizonte y las muchas otras que irán surgiendo a medida que avancemos. Parafraseando al ingeniero químico francés, François Le Lionnais en su artículo «Science is an Art»,[15] los científicos, los niños y los artistas nos guiamos por la curiosidad, el amor por el juego y la experimentación.

15. F. Le Lionnais, «Science Is an Art», *Leonardo* 2, 73 (1969).

MÁS PREGUNTAS AÚN SIN RESPUESTA

Algunos de nuestros proyectos actuales pretenden dar respuesta a las siguientes preguntas:

- ¿Qué sucede en segundos embarazos?
- ¿Qué papel juegan las hormonas y el sistema inmune en los cambios cerebrales en humanos?
- ¿Cambia también el cerebro de mamás adoptivas?
- ¿Qué pasa en el cerebro de mujeres con enfermedades autoinmunes, como la esclerosis múltiple, cuyos síntomas mejoran durante el embarazo?
- ¿Podríamos predecir y prevenir la depresión posparto sobre la base de datos hormonales, inmunológicos, neuronales y psicosociales?
- ¿Están los cambios cerebrales y la conducta parental modulados por aspectos socioculturales? ¿Por ejemplo, las bajas de maternidad y paternidad?

Capítulo VIII

Matrescencia *vs.* momnesia: ¿Qué hay de cierto en los problemas cognitivos asociados a la maternidad?

> *It's time to rebrand «mommy brain».* (Ha llegado el momento de redefinir el cerebro materno).
>
> Clare McCormack, Bridget L. Callaghan, Jodi L. Pawluski, 2023

Como dice la investigadora Clare McCormack, de la Universidad de Nueva York, «ha llegado el momento de redefinir el cerebro materno». En realidad, en la versión en inglés, utiliza el verbo *rebrand*, que también puede entenderse como «reposicionar» o «renovar», y el término *mommy brain*, que junto con otros como *baby brain* o «momnesia», sirven para recalcar los supuestos déficits que sufren las madres simplemente por ser madres. El último, «momnesia», directamente fusiona en un juego de palabras la maternidad con la amnesia. La traducción al español que hacen algunos textos de «divulgación científica» me horroriza aún más. En español, las madres no tenemos «momnesia», sino directamente «síndrome de cabeza de chorlito».

Ahora que nos acercamos al final del libro, me gustaría que retomásemos la palabra «matrescencia», ese término que asocia la maternidad con la adolescencia y nos permite reconceptualizarla como una etapa de maduración y crecimiento, en lugar de pérdida de funciones mentales. Ha llegado el momento de sustituir un juego de palabras por otro; ha llegado el momento de rebautizar la momnesia para llamarla matrescencia. Este nuevo nombre nos ofrece una visión más global de todo lo que abarca la maternidad, lo bueno y lo no tan bueno, mientras que el antiguo solo se centra en los déficits cognitivos. Y aquí surge la pregunta que muchas nos hacemos: ¿qué hay de cierto en los problemas cognitivos asociados a la maternidad?

En los últimos años, muchas investigadoras aunamos esfuerzos para identificar qué sucede en la mente de las mujeres con el embarazo y la maternidad —no sé si lo has notado ya, pero casi todas las que nos dedicamos a este campo de la neurociencia somos, curiosamente, mujeres—. Por un lado, tenemos clara la importancia de distanciarnos de conceptos simplistas que ridiculizan las capacidades mentales de las madres. Por otro, no podemos ignorar que muchas de ellas dicen sentirse más despistadas de lo normal, o incluso haber perdido habilidades mentales tras la maternidad. En concreto, casi un 80 % de las mujeres que se convierten en madres por primera vez dicen tener una sensación de niebla mental o embotamiento que repercute en su atención y, por ende, su memoria. Al final, todo acaba en la memoria: no podemos recordar aquello a lo que no hemos atendido adecuadamente.

¿Se puede demostrar y cuantificar de forma científica esta sensación de falta de lucidez mental? Revisando la literatura sobre el tema, encontramos resultados variopintos. Algunos estudios indican que sí, que la maternidad conlleva un empeoramiento de la memoria. Otros, en cambio, no encuentran diferencias significativas, y otros tantos atribuyen las disfunciones cognitivas a factores como la falta de sueño, el estrés o el estado anímico.

Como he mencionado varias veces a lo largo del libro, una de mis principales premisas como neurocientífica es la necesidad de recurrir a la evidencia acumulada, y en especial cuando la visión que ofrece la literatura es poco consistente, como es el caso. En este sentido, se han realizado multitud de revisiones y metaanálisis sobre la cognición en madres, que abarcan desde estudios en animales hasta estudios en humanos. Una de las revisiones más recientes y, en mi opinión, de las más completas y esclarecedoras, es la que llevó a cabo Edwina R. Orchard, de la Universidad de Yale, en marzo de 2023. La autora sugiere que la cognición y, en concreto, la memoria, también sigue un patrón dinámico similar al que vimos a nivel fisiológico y cerebral. Ese dinamismo se caracteriza por disminuciones sutiles de memoria durante la gestación y el posparto temprano, que revierten o incluso mejoran a medida que avanza el posparto. Es más, la autora plantea que la maternidad tiene un impacto positivo a largo plazo aumentando la reserva cognitiva con la que la mujer se enfrentará al deterioro normal asociado al envejecimiento. Curiosamente, pese a que las pruebas objetivas indican mejores habilidades mentales a largo plazo, la sensación subjetiva de las madres sigue siendo de pérdida, de inferioridad.

¿QUÉ ES LA RESERVA COGNITIVA?

La reserva cognitiva se refiere a la capacidad de la mente y el cerebro para resistir y compensar situaciones adversas, como lesiones o deterioro cognitivo asociado con el envejecimiento o a enfermedades neurodegenerativas. Esta reserva se construye a lo largo de la existencia mediante experiencias educativas, ocupacionales y de estilo de vida.

Veamos qué ocurre en las capacidades cognitivas durante el embarazo y el posparto, y qué efectos tiene la maternidad en ellas a largo plazo. En el trayecto, discutiremos los posibles factores que podrían estar detrás de algunos de los cambios. Te adelanto que encontramos factores biológicos, psicológicos y socioculturales que se entrelazan e interactúan entre sí.

1. Embarazo

La evidencia acumulada indica que, en el embarazo, y en especial en el tercer trimestre, sí existe un leve pero significativo empeoramiento de la memoria. Las mujeres embarazadas puntúan peor en pruebas de memoria como, por ejemplo, recordar una lista de palabras dictadas por el experimentador. Como destaca Edwina Orchard en su revisión, se trata de cambios sutiles que suelen ser percibidos solo por las propias mujeres y que, en general, no interfieren con su funcionamiento diario.

Aún no sabemos a ciencia cierta qué factores pueden estar detrás de estos déficits de memoria. Algunos autores apuntan a la reasignación de recursos energéticos y metabólicos durante el embarazo. Tal vez se sacrifiquen ciertos procesos cerebrales a favor de lo que el organismo considera prioritario en ese momento: la creación de un ser humano. Incluso aunque no se produjese tal reasignación, ya vimos en el capítulo III que el embarazo es un proceso altamente exigente para la fisiología materna —incluyendo en esta al cerebro—. En lenguaje llano, durante el embarazo necesitamos más energía para poder funcionar física y mentalmente igual.

Para ilustrar este punto, me viene a la mente una viñeta humorística que me enseñó mi gran amiga, casi hermana, Marta Ferrer Carné, cuando se encontraba en estado. En ella aparecía una mujer embarazada en el sofá. Alguien le cuestionaba si se había pasado toda la tarde tumbada «sin hacer nada», a lo que la mujer respondía algo así como «Llevo toda la tarde creando a un ser humano, mi cuerpo ha estado haciendo manos y huellas dactilares. ¿Qué has hecho tú?». Crear a un ser humano es un proceso demandante que puede agotarnos tanto a nivel físico como mental.

Al incremento en las demandas metabólicas, debemos añadirle los cambios motivacionales y de la respuesta al estrés que experimentan las mujeres durante la gestación. Aparecen nuevas preocupaciones, como el bienestar del bebé, el parto y la preparación para el posparto. Es probable que recordar una lista de palabras aleatorias en una prueba de laboratorio no sea lo suficientemente relevante como para robarle el protagonismo a estas cuestiones. ¿Y si lo que tuviesen que recordar fuera precisamente aquello que ahora les motiva o les preocupa? No hace falta que hipoteticemos. Un estudio reciente realizado por la investigadora Bridget Callaghan, de la Universidad de Columbia, en Nueva York, detectó que, si los estímulos a memorizar están relacionados con la maternidad, las mujeres embarazadas no solo no muestran déficits de memoria, sino que puntúan mejor que las nulíparas.

La motivación a veces va de la mano del estrés. Por ejemplo, la ejecución en un examen necesita motivación para estudiar y esta, a su vez, de una pequeña dosis de estrés ante la posibilidad de suspender. Del mismo modo, la ejecución en una prueba de memoria en el laboratorio requiere de cierto nivel de estrés por el temor a fallar. Durante la gestación, y en especial en el tercer trimestre, la respuesta al estrés disminuye gracias a una serie de adaptaciones fisiológicas dirigidas a compensar los niveles altos de cortisol. Así, es posible que el menor estrés durante el embarazo influya negativamente en el desempeño en estas pruebas. Dicho de otro modo, es muy probable que a las mujeres embarazadas les importe más bien poco recordar seis o diez palabras de la lista y, en especial, si ninguna de ellas está relacionada con lo que les motiva o preocupa en esa etapa vital.

2. Posparto

El posparto también es un periodo de grandes demandas físicas y mentales en el que las madres a menudo expresan sentirse sobrepasadas cognitivamente. Sin embargo, los estudios que analizan el posparto muestran resultados aparentemente contradictorios: algunos trabajos encuentran alteraciones de memoria y otros no.

Cualquier madre sabe lo rápido y cambiante que puede ser el periodo posparto, y lo diferente que se siente a los tres meses de dar a luz que a los dos años. Los estudios que evalúan a madres antes del primer año posparto suelen encontrar reducciones en pruebas de memoria, mientras que los que las evalúan tras el primer año posparto no hallan diferencias o incluso descubren mejoras. Esto coincide con los resultados en modelos animales; en ratas se observa un deterioro de la memoria durante el embarazo y el posparto temprano, seguido de mejoras después del destete.

Centrémonos por el momento en el posparto temprano. ¿Qué puede estar causando los déficits cognitivos en esta etapa? De nuevo aparece una lista de posibles candidatos. Empezaremos por los que tienen un sustrato más puramente biológico para posteriormente hablar de los psicológicos y sociales.

RECUPERAR LA HOMEOSTASIS

El embarazo requiere de una gran cantidad de energía, pero pasar abruptamente de un estado fisiológico a otro radicalmente distinto, también. En menos de un año, atravesamos la implantación, el desarrollo embrionario, la maduración fetal, el parto, la lactancia y el posparto. Cada etapa, y cada momento específico dentro de esta, necesita un equilibrio homeostático único, que difiere del anterior y no es aplicable al siguiente. Así, nuestro cuerpo está constantemente bajo presión para encontrar un nuevo balance interno. Cuanto más brusco sea el cambio de una etapa a otra, como el paso de la última semana de embarazo a la primera de posparto, más esfuerzo y más energía requerirá nuestro organismo para restablecer la homeostasis y más probabilidad habrá de que se produzcan desajustes. Al fin y al cabo, lleva nueve meses siendo orquestado por la placenta y ahora debe prescindir de ella.

Entre las diversas adaptaciones fisiológicas, destacan las fluctuaciones hormonales e inmunológicas. Recuerda las grandes dosis de estrógenos y progestágenos que caen en picado tras el parto, o el viraje del sistema inmune en el periparto de antiinflamatorio a inflamatorio. Es ampliamente conocido que los sistemas hormonales e inmunológicos tienen un impacto significativo en nuestras funciones cognitivas y en nuestras emociones, ya que, como vimos, están estrechamente interconectados con el cerebro a través de múltiples rutas. Las hormonas y los estados inflamatorios afectan a todo nuestro cuerpo, incluidos nuestro cerebro y nuestra mente. Esto lo vemos claramente cuando enfermamos o cuando pasamos por distintas fases del ciclo menstrual.

Varios estudios han analizado si los niveles de estradiol, progesterona u oxitocina se correlacionan con el rendimiento cognitivo durante el embarazo y el posparto, obteniendo resultados nulos. Probablemente porque, hasta la fecha, los estudios se han centrado en medir la influencia directa de una hormona en un momento temporal concreto, y esto difícilmente puede captar la sincronicidad temporal entre los diferentes sistemas del cuerpo humano. Actualmente, los esfuerzos de mi laboratorio y de otros grupos internacionales se centran en investigar la interacción entre la psique, el cerebro, el sistema inmune y el endocrino. O lo que es lo mismo, en incorporar la visión holística de la psiconeuroinmunoendocrinología al estudio del cerebro maternal. Ningún factor por sí solo puede explicarlo todo. Caracterizar cómo estos sistemas colaboran para restablecer y mantener el nuevo equilibrio interno durante una etapa de la vida tan crucial y llena de cambios es uno de los retos actuales en la neurociencia del embarazo y la maternidad.

EL SUEÑO

Cuando pienso en mis primeros meses de posparto, inevitablemente me viene a la cabeza la falta de sueño y el cansancio. Recuerdo que en el embarazo había visto una serie llamada *Homeland* en la que, para arrancar una confesión a un preso terrorista, le torturaban encendiendo las luces y poniendo música a todo volumen cada vez que caía dormido. En secreto reconozco que, en algún momento del posparto, me sentí como ese preso al que no dejan dormir. La deprivación de sueño, tanto tras el parto como en cualquier otro momento de la vida, te aturde, te entristece y te enfada. Las ondas cerebrales que se generan cuando dormimos son necesarias para refrigerar y limpiar el cerebro de toxinas y también para consolidar recuerdos y formar memorias.

No te sorprenderá entonces si te digo que en algunos estudios que detectaban peor memoria en el posparto, los efectos desaparecían si se tenía en cuenta la falta de sueño o el estado de ánimo. Hoy en día, nadie pone en duda que el descanso, la dieta, el estrés o el ejercicio físico impactan en nuestra salud mental a través de diferentes rutas, incluidas las endocrinas e inmunes. Sin embargo, no se habla lo suficiente de cómo estos aspectos pueden incidir en el bienestar físico, cognitivo y emocional de las madres.

Resulta preocupante que la estrecha monitorización y cuidados que recibe la mujer durante la gestación desaparezca una vez ha dado a luz. Con escasas excepciones, tras el parto, la atención se centra en el bebé, ignorando que el bienestar de este depende del de su madre. Maternar no es solo cuidar del bebé, sino también cuidarnos a nosotras mismas, a las madres. Esto requiere de una buena alimentación, descanso, ejercicio, estrategias psicológicas para lidiar con eventos estresantes inevitables y apoyo social (incluyendo espacios en los que podamos compartir cómo nos sentimos) y, sobre todo, sostén institucional. Es decir, un montón de cosas fáciles de enumerar y casi imposibles de implementar. Puestos a pedir, me aventuro a decir que tal vez también ayudaría un seguimiento médico más estrecho que incluya un control hormonal y nutricional detallado. De hecho, este control detallado es justamente lo que propone el médico de ascendencia catalana afincado en Australia Oscar Serrallach, en su libro *La cura contra el desgaste postnatal*.

LA CARGA MENTAL

En el capítulo II del libro me servía de la imagen de un pastel para ejemplificar qué puede suceder con nuestras capacidades mentales durante la maternidad. Si nuestras capacidades cognitivas fueran un pastel, ¿qué le sucedería a este con la maternidad?, ¿se hace el pastel más pequeño o, simplemente, tenemos más tareas que afrontar y, por lo tanto, tenemos que dividir el pastel en porciones más pequeñas? Simplificando el mensaje, puede que al final del embarazo y al principio del posparto tengamos más «hambre» de lo normal y el pastel no sea tan grande como nuestro cuerpo (y nuestra mente) necesita. Lo que está claro es que, independientemente del tamaño del pastel, la maternidad nos obliga a repartirlo en más porciones.

Ser madre conlleva necesariamente una carga mental extra, que, por desgracia, a menudo aún recae principalmente en la mujer. Los recursos mentales deben ahora reorganizarse para incluir nuevas parcelas que monitoricen —en el fondo de nuestra mente— las tomas, las mudas, las vacunas, las siestas y un largo etcétera que luego se convertirá en las excursiones, los disfraces, los exámenes, el grupo de WhatsApp del cole, los cumpleaños, el volcán de la clase de plástica, las tablas de multiplicar, y otro largo etcétera. Todo esto mientras intentas mantener el mismo rendimiento que antes en tu vida personal y laboral. A más carga cognitiva, menos recursos podremos dedicar a cada una de las tareas, lo que implica que probablemente las ejecutemos peor, cometamos errores o directamente nos olvidemos. Recuerda lo que decían las famosas tarjetas de Someecards: «Si quieres saber qué se siente al tener un cerebro maternal, imagina un navegador con 2.897 pestañas abiertas. TODO EL RATO».

Por suerte, cada día más hombres son conscientes de la elevada carga mental que conlleva tener hijos y comparten muchas de las tareas de la crianza. En casa tengo un claro ejemplo. Pero no nos engañemos, aún se oyen frases como «mi marido me ayuda en casa» o «mi pareja me ayuda mucho con los niños». Como ejemplo, te propongo que preguntes a tu grupo de amigas que son madres si su pareja hombre está en el WhatsApp del colegio o de las actividades extraescolares. No es cuestión de ayudar, sino de ser corresponsables de las tareas de la casa y de la crianza. Sin extenderme más, volvamos a las madres, que son el centro del libro.

A la elevada carga mental que conlleva la maternidad, hemos de añadir la capacidad del bebé para secuestrar la atención de la madre, para comerse gran parte del pastel. Como hemos visto en el capítulo anterior, los estímulos del bebé activan en el cerebro materno regiones subcorticales, como el hipotálamo, la amígdala, y el núcleo accumbens, que indican a la red atencional ventral a qué estímulos debe dar prioridad. En el reino de la atención, priorizar ciertos estímulos implica ignorar otros que no serán percibidos, atendidos, procesados ni recordados, como ese señor disfrazado de oso haciendo el *moonwalker* entre los jugadores de baloncesto. Confío en que hayas visto el vídeo que te recomendé en el capítulo IV al describir las redes atencionales y sepas de qué te estoy hablando.

El bebé nos abduce, sobre todo al inicio del posparto. La explicación neurocientífica de este fenómeno es relativamente nueva, pero la idea no. Hace más de cincuenta años, autores como Donald Winnicott ya vislumbraban lo que ahora podemos respaldar con imágenes cerebrales, umbrales estadísticos, revisiones y metaanálisis. Él nos hablaba de la «preocupación maternal primaria», un estado que caracteriza el final del embarazo y el posparto temprano, en el que la madre experimenta una «sensibilidad exacerbada» o «devoción normal», que la empuja a enfocarse, casi exclusivamente, en el recién nacido. Según Winnicott, este estado le permite adaptarse a las necesidades del bebé desde el principio, a empatizar con él y a aprender y reajustar su implicación a medida que progresa el posparto.

SESGO DE CONFIRMACIÓN

Resulta curioso como, en ocasiones, las madres tienen una sensación de pérdida de memoria que no se confirma en las pruebas de laboratorio. La carga mental de la maternidad podría en parte explicar la discrepancia entre la medida objetiva y la percepción subjetiva: en el laboratorio, la madre está centrada en una única tarea y el bebé no está cerca para «robar recursos», mientras que en la vida real ocurre todo lo contrario. Pero, sin duda, otra posible explicación de por qué las madres creen que están peor de lo que están es el sesgo de confirmación, ese sesgo que nos empuja a buscar datos que confirmen nuestras expectativas. La idea de la «momnesia» empaña nuestra sociedad desde hace años y recobra fuerza cuando puede afectarnos directamente. Desde el momento en que nos quedamos embarazadas, estamos predispuestas a detectar fallos u olvidos que en cualquier otra situación hubieran pasado desapercibidos o, por lo menos, se hubieran interpretado como despistes normales. Te recuerdo mi anécdota saliendo del supermercado sin pagar la tortilla de patatas. Aunque tengo mis dudas de si eso encaja del todo dentro de la «normalidad», sí sé que si hubiera estado embarazada habría identificado rápidamente el motivo de mi olvido.

Cualquier despiste o fallo en las madres tiene un culpable: la propia maternidad. Las gafas de las expectativas sobre la maternidad filtran la realidad; dejan pasar los datos que confirman e ignoran los que desmienten. Como resultado acabamos aceptando que tal vez tengan razón, que puede que la cabeza de las madres sea, efectivamente, como la de un chorlito. Amnésicas, como el personaje de Dori en *Buscando a Nemo*, incapaces de hacer nada más que «seguir nadando».

La cuestión es más perversa aún. En ocasiones, este

sesgo de confirmación puede convertirse en una profecía autocumplida. Actuamos como si las predicciones fueran ciertas y a base de actuar las convertimos en realidad. He sido testigo de cómo mujeres estupendas menospreciaban su inteligencia tras convertirse en madres y eso las arrastraba a abandonar proyectos vitales. En concreto me vienen a la cabeza algunos comentarios de amigas muy cercanas.

Amiga 1: «Ya no podré acabar la carrera, no tengo memoria».

Amiga 2: «Imposible volver a actuar, no recordaría el guion».

Amiga 3: «Era una gran violinista, ahora ya no, no me da el cerebro».

O esa tarjeta que os mencioné en el capítulo II de Somecards que decía: «Solía tener células cerebrales funcionales, pero las cambié por hijos». La forma en la que nos contamos las cosas importa y mucho. No es lo mismo decir «Ahora no me apetece volver a estudiar porque prefiero disfrutar de mi hija» que «Ya no tengo las capacidades cognitivas suficientes como para acabar una carrera».

DEJÉMONOS DE POSIBLES PÉRDIDAS Y CENTRÉMONOS EN LAS GANANCIAS

Podría llenar varias páginas de este libro enumerando algunas de las cosas que aprendí durante mi embarazo y el posparto: el calostro, el meconio, la línea alba, el lanugo, la vérnix caseosa, la posición de rugby para la lactancia, las sutilezas que diferencian los tipos de llantos, las mil versiones de carritos, de portabebés, de baberos, y una larguísima lista que por supuesto también incluye aspectos prácticos como cambiar un pañal en menos de un minuto y con una sola mano o desnudar a un bebé inquieto que está rebosando caca. Las madres y, por supuesto, también los padres, necesitamos aprender de forma rápida una serie de conocimientos y habilidades que necesariamente irán cambiando a medida que el bebé crezca.

Como señala Clare McCormack, no solo debemos investigar lo que empeora, sino también lo que mejora. Hasta ahora, la mayoría de los estudios se han centrado en evaluar la sensación subjetiva de pérdida de memoria. Sin embargo, hay una nueva área de investigación que se enfoca en analizar las mejoras potenciales en otras esferas cognitivas, como la cognición social.

Los estudios en animales, específicamente en ratas madres, sugieren mejoras en el aprendizaje social. Como hemos visto, en humanos, la cognición social incluye procesos como la percepción del yo, la capacidad para entender los estados mentales y emocionales de los demás, así como la empatía y el comportamiento altruista. De nuevo, aparece la conexión entre la maternidad, ese primer vínculo social, y todas las habilidades respaldadas por la red cerebral que los seres humanos activamos por defecto. Esa red que experimenta cambios cerebrales profundos y duraderos cuando te conviertes en madre y que se activa cuando ves a tu bebé.

En marzo de 2023, Sophie R. van 't Hof, una de las doctorandas del laboratorio que tiene ahora Elseline en los Países Bajos, publicó una revisión sistemática sobre la cognición social durante el embarazo y el posparto temprano. Tras analizar más de una decena de estudios, sus conclusiones indican que las madres muestran una mayor capacidad para inferir estados emocionales. Curiosamente, su análisis también demuestra que no son conscientes de esta mejora. En este caso, ocurre lo opuesto a lo que hemos visto en las pruebas de memoria: hay mejora cuantificable en la capacidad para inferir estados mentales que pasa desapercibida subjetivamente. Las gafas de las expectativas no solo filtran para confirmar las pérdidas de memoria, sino que nos impiden ver las mejoras en otras áreas.

3. Efectos a largo plazo

Sigamos con las habilidades mentales que ganamos con la maternidad. El efecto protector de la maternidad a largo plazo está muy documentado en roedores. Tras el destete de las crías, las ratas que han sido madres muestran una mejor ejecución en tareas de aprendizaje y memoria en comparación con aquellas que no lo han sido. Además, sus cerebros presentan indicios que sugieren un efecto protector contra el envejecimiento, como la creación de nuevas neuronas en el hipocampo.

En el capítulo anterior, vimos que las mujeres de mediana edad que son madres presentan rasgos cerebrales compatibles con un cerebro más joven. Este rejuvenecimiento cerebral parece ir acompañado de ciertas mejoras en las funciones ejecutivas y la memoria. Según varios estudios realizados en grandes bases de datos de mujeres de mediana edad, a mayor número de hijos, menor envejecimiento cerebral y cognitivo; pero hasta cierto límite, que parece estar en torno a los cuatro hijos. A partir de esa cifra, el rendimiento cognitivo, como la juventud cerebral, vuelven a caer.

¿A qué podría atribuirse esta mejora? Como vimos en el capítulo anterior, investigaciones recientes sugieren que el embarazo podría modificar de manera duradera los niveles hormonales y la respuesta inmune, impactando en la forma en que las mujeres enfrentan la menopausia y el envejecimiento cerebral y mental. Pero lo cierto es que las mejoras cognitivas a largo plazo no solo se observan en madres, sino también en padres, lo que sugiere que factores relacionados con la crianza y el estilo de vida que la acompaña también tienen mucho que ver.

Maternar —y paternar— es un verdadero reto mental. Nos pasamos la vida recordando fechas, organizando tareas, supervisando objetivos, regulando nuestras emociones y las de nuestro hijo, combinando varias actividades simultáneamente y planificando alternativas. El reto se complica a medida que aumenta el número de hijos. No solo porque crecen las tareas, sino porque la idiosincrasia de cada hijo nos apremia a flexibilizar aún más todos nuestros patrones mentales. En resumen, tener hijos nos obliga a desarrollar y entrenar estrategias cognitivas y emocionales. Ejercitamos todo un conjunto de funciones mentales agrupadas bajo el término «funciones ejecutivas». En el capítulo IV te puse un ejemplo de ello al explicarte una de mis atareadas tardes recogiendo a mi hija en el colegio, pasando por Correos y acudiendo a una cita médica en menos de dos horas. Ser madre es como resolver sudokus continuamente, ejercitando el cerebro para que todo fluya de manera armoniosa. Es como pasar veinticuatro horas al día, siete días a la semana, jugando a esos juegos de estimulación cerebral que se pusieron tan de moda a principios del año 2000. El famoso entrenamiento cognitivo del *Brain Age* de Nintendo que recomendaban realizar a diario para amortiguar el envejecimiento mental asociado a la edad.

Como indica Edwina Orchard en su revisión, «los desafíos de la maternidad temprana se resuelven lentamente con el tiempo», es decir, a medida que pasa el tiempo los hijos cada vez necesitan menos de nosotras. Sin embargo, las habilidades mentales que hemos estado entrenando persisten y nos confieren una mayor reserva cognitiva para compensar efectos adversos, como las enfermedades neurodegenerativas o el deterioro normal asociado al envejecimiento. En otras palabras, la crianza aumenta la resiliencia de nuestro cerebro. «Resiliencia», qué bonita palabra.

Y hablando de palabras, voy a acallar las mías y rescatar las de otros. Primero, las del libro *El poder de las palabras*, del neurocientífico Mariano Sigman:

> El lenguaje es vinculante y tiene la capacidad de forjar y transformar radicalmente nuestra experiencia mental. Las palabras pueden calmar y sanar, pero también son capaces de crear estigmas.

Y unidas a estas extiendo las del artículo de Clare Mc-Cormack con las que abría el capítulo:

> Ha llegado el momento de redefinir el cerebro materno como una narrativa que refleje la adaptación del cerebro de una madre para asumir la notable hazaña de la crianza.

Cierro con las mías, obviamente inspiradas en ellos: ya es hora de que sustituyamos la palabra «momnesia» por la de «matrescencia» y empecemos a escribir un nuevo relato de la maternidad. Un relato que nos narre como la esencia de la especie humana, las portadoras de los cimientos sobre los que se construyen los vínculos, y con ellos, la sociedad y la cultura.

Capítulo IX

Cribaje de depresión posparto

Quería que los días pasasen rápido,
que nadie notase que, en realidad, me
arrepentía de haber sido madre.

Anónima

Uno de los motivos por los que escribo este libro es para ayudar, en la medida de lo posible, a las madres. He intentado hacerlo a través de su contenido, que espero que pueda servir a las mujeres para entender mejor qué les sucede durante la transición a la maternidad, nombrar algunas de las confusas emociones que la acompañan, y utilizar el poder de la palabra para reescribir ese proceso. Y creo que otra manera de apoyarlas es animándolas a que pidan ayuda si lo necesitan.

Como vimos en el capítulo II, la maternidad y, en especial, el posparto temprano, tiene una cara buena y otra no tanto. Mejor dicho, una cara maravillosa y otra llena de retos. En ocasiones, los retos nos superan y la balanza se decanta hacia el malestar. Los motivos que inclinan la balanza hacia ese lado son varios e incluyen factores biológicos, entre ellos hormonales, inmunológicos, epigenéticos y cerebrales; también factores ambientales como, por ejemplo, los niveles de estrés, el apoyo social o la situación socioeconómica, y, por supuesto, la interacción entre todos ellos.

Originalmente, valoré la posibilidad de dedicar un capítulo a la depresión posparto, pero al final lo descarté. Creo que la maternidad es, en sí misma, un fenómeno suficientemente relevante como para merecer un libro para ella sola. Sin embargo, no puedo perder la oportunidad que me brinda esta publicación para aportar mi granito de arena a la detección precoz de esta enfermedad.

La depresión posparto es el trastorno más común en esta etapa; afecta, aproximadamente, al 17 % de las mujeres. Si se trata a tiempo, suele tener buen pronóstico, pero si no se hace, puede acarrear problemas a largo plazo para la salud de la madre y del bebé. Lamentablemente, uno de los principales problemas para su diagnóstico y tratamiento es que muchas madres no llegan a consultar con un especialista, ya sea por falta de recursos o por el reparo de proyectar una imagen que no concuerde con la versión edulcorada de la maternidad.

En 2014, una encuesta realizada en Estados Unidos con respuestas de 1.400 mujeres, reveló que el 40 % de las que experimentaban síntomas de depresión no buscaban ayuda profesional. Los motivos incluían sentimientos de vergüenza, culpa, indiferencia, la creencia de que su estado no requería tratamiento y el temor a enfrentarse al estigma social asociado a los problemas de salud mental.

Por si ayuda, aquí dejo un enlace a uno de los cuestionarios que más se utilizan para evaluar síntomas de depresión posparto. Se trata de la «Escala de depresión postnatal de Edimburgo», una escala de diez preguntas diseñada por James Cox y colaboradores de la Universidad de Edimburgo, y validada en madres españolas por Lluïsa Garcia-Esteve y colaboradores del Institut Clínic de Psiquiatría y Psicología de Barcelona.

Sé que algunas matronas, de ciertas comunidades autónomas, lo pasan si identifican factores de riesgo en la visita posparto, pero también sé que los difíciles horarios de la sanidad pública no siempre lo permiten y que los protocolos difieren en los diferentes centros. En concreto, según me dijo quien fue mi matrona hace más de ocho años, y tras corroborarlo actualmente con la Federación de Asociaciones de Matronas de España: «Por el momento, solo en Cataluña y Cantabria se realiza el cuestionario de cribaje [de depresión posparto] por protocolo. En Aragón, Castilla-La Mancha y Navarra está en la historia digital, pero no está protocolizado. En Andalucía existe recomendación, pero no hay nada en historia digital para rellenar al respecto. En el resto de las comunidades autónomas, hay sugerencias, pero ni protocolo ni registro exacto».

El propio nombre de la escala indica que se aplica al

periodo del posparto, sin embargo, también he adjuntado una versión de la misma prueba que valora los síntomas de depresión en el embarazo (figuras 13 y 14). Si te encuentras en el embarazo o el posparto y notas que algo no va bien, o si conoces a alguien en esa situación, te animo a que entres o compartas el enlace. Pero antes de que te decidas a entrar, quiero dejar claro que estos cuestionarios no sustituyen la opinión de un médico especialista. Se trata únicamente de una medida de cribaje. Los incorporo para que las madres que duden puedan obtener una métrica que les ofrezca una visión complementaria y estandarizada, y les ayude a decidir si necesitan solicitar una visita médica. También quiero dejar claro que en ellos no se recoge información personal, y que los datos derivados de estos son anónimos y no se publicarán ni se utilizarán para ninguna investigación.

Figura 13: Enlace QR al cuestionario para evaluar síntomas de depresión en el posparto.

Figura 14: Enlace QR al cuestionario para evaluar síntomas de depresión antes del parto.

¿Qué hacer si se obtiene una puntuación elevada en depresión perinatal?

En primer lugar, no alarmarse; detectar un problema es el paso principal para solucionarlo. En segundo lugar, si la puntuación es alta, lo recomendable es repetir la escala a las dos semanas para valorar si se trata de un malestar prolongado o puntual. Si el malestar persiste, es aconsejable que se consulte con un profesional, a ser posible, con conocimientos y experiencia en psicología perinatal, que valore la situación.

Despedida

Gracias por acompañarme durante este viaje. Como te decía al inicio del capítulo, confío en que el contenido del libro pueda ayudar a las madres y, si lo eres, pueda ayudarte a ti. Espero que, tras la lectura, te sea más fácil poner palabras a las intensas emociones y cambios que acompañan a la maternidad y comprendas su razón de ser; que tomes conciencia de la ambivalencia que la caracteriza; que comprendas que el nacimiento de un hijo no trae consigo un kit de conocimientos sobre cómo ser madre: las cuestiones prácticas de la maternidad las aprendemos gracias a nuestros errores; que seamos conscientes de que muchas de las dificultades del posparto temprano se resuelven con el tiempo y fortalecen nuestra resiliencia; que los factores de riesgo solo inclinan la balanza pero casi siempre pueden contrarrestarse; que es fundamental que las madres nos cuidemos física y mentalmente; que debemos compartir las responsabilidades de la crianza y la carga mental; y, sobre todo, que es esencial que narremos nuestra propia maternidad, sin ceder ante las expectativas o presiones sociales.

Por mi parte, me comprometo a seguir avanzando en este apasionante campo de estudio. Hace tiempo que dejó de ser una cuestión laboral para convertirse en una pasión que me acompañará de por vida.

La ciencia

La ciencia no la constituyen dogmas, sino datos que nos permiten interpretar la realidad y acercarnos a «la verdad» sobre la base de la evidencia acumulada hasta el momento. Como destacó el filósofo Karl Popper, las teorías científicas deben ser falsables, es decir, puestas a prueba constantemente, escrutadas con la intención de refutarlas o corregirlas. Si una teoría es falsable, entonces es científica; si no es falsable, entonces no es ciencia. Como investigadores, debemos estar dispuestos a corregir nuestras teorías a medida que aparezcan nuevos datos que arrojen luz sobre aspectos antes desconocidos. Como sociedad, debemos ser conscientes de que la «verdad científica» es solo «la verdad» a día de hoy. En lenguaje jurídico podríamos decir que es «la verdad hasta que se demuestre lo contrario». Lo que te he contado en este libro es «la verdad» a fecha de enero de 2024.

Agradecimientos

Ahora sí, ya puedo dejar que fluya en mí libremente la señora que quiere saludar y agradecer. Gracias, hija mía, por sacrificar parte de nuestro tiempo juntas para permitirme escribir este libro. Otto, gracias por sostenernos a mí y a Alex, durante todo el proceso. Aunque no te lo diga a diario, soy consciente de la suerte que tengo, de que a menudo eres tú quien contesta a los wasaps del cole, quien prepara la merienda de Alex y se sienta con ella a hacer «deberitos». Gracias por compartir la carga mental conmigo y ponerme las cosas infinitamente más fáciles. A los dos, por hacerme madre.

Gracias a mis compañeras investigadoras por hacer posibles los estudios de los que te he hablado en el libro, y a esas personas mágicas que se han cruzado en mi vida para animarme con la divulgación científica.

A mis pequeñas grandes críticas y editoras, Cristina Ballesteros y Magdalena Martínez-García, por todo el tiempo dedicado a leer el libro y por sus sugerencias, siempre acertadas.

A Nazareth Castellanos, por responderme con un sí

tan rotundo cuando le pedí que escribiera el prólogo. Como madre, científica y divulgadora con una agenda aún más apretada que la mía, valoro inmensamente que dedicaras parte de tu tiempo a leer el libro y redactar el prólogo.

A mi madre, a mi padre y a mi hermana, por permitirme estar más ausente de lo normal, por sus chistes malos sobre cómo acabar el libro y por enseñarme, con su ejemplo, a entregarme por completo en todo lo que hago.

Y ahora, abandonando a la señora que saluda y recuperando a la científica que redacta el apartado de agradecimientos de un artículo, os dejo toda la retahíla de proyectos que han hecho posible algunos de los estudios que recojo en este libro.

- Contrato Miguel Servet I (CP16/00096) y II (CPII21/00016), financiado por el Instituto de Salud Carlos III, cofinanciado por el Fondo Social Europeo «Invierte en tu futuro».
- Instituto de Salud Carlos III, a través de los proyectos PI22/01365 y PI17/00064, cofinanciados por el Fondo Europeo de Desarrollo Regional «A way to make Europe».
- Fundación "la Caixa", bajo el código de proyecto LCF/PR/HR19/52160001.
- Consejo Europeo de Investigación (ERC), bajo el programa de investigación e innovación Horizonte 2020 de la Unión Europea (acuerdo de subvención n.º 883069).

Bibliografía

CAPÍTULO II

American Psychiatric Association, *DSM-V Manual*, 5.ª edición, 2013.

Athan, A., y H. L. Reel, «Maternal psychology: Reflections on the 20th anniversary of Deconstructing Developmental Psychology», *Feminism & Psychology*, 25, 2015, pp. 311-325, <https://doi.org/10.1177/0959353514562804>.

Athan, A. M., «Reproductive identity: An emerging concept», *American Psychologist*, 75, 2020, pp. 445-456, <https://doi.org/10.1037/amp0000623>.

Lorenzo, P. F., e I. Olza, *Psicología del embarazo*, Síntesis, 2020.

Raphael, D., «Matrescence, Becoming a Mother, A "New/Old" Rite de Passage», en D. Raphael, ed., *Being Female*, De Gruyter Mouton, 1975, pp. 65-72, <https://doi.org/10.1515/9783110813128.65>.

CAPÍTULO III

Carlson, B. M., *Human embryology and developmental biology*, Elsevier Health Sciences, 2018.

Costanzo, V., A. Bardelli, S. Siena y S. Abrignani, «Exploring the links between cancer and placenta development», *Open Biology*, 2018, 180081, <https://doi.org/10.1098/rsob.180081>.

Helsel, D. G., y M. Mochel, «Afterbirths in the Afterlife: Cultural Meaning of Placental Disposal in a Hmong American Community», *Journal of Transcultural Nursing*, 13, 2002, pp. 282-286, <https://doi.org/10.1177/104365902236702>.

Kieffer, T. E. C., A. Laskewitz, S. A. Scherjon, M. M. Faas y J. R. Prins, «Memory T Cells in Pregnancy», *Frontiers in Immunology*, 10, 2019, p. 625, <https://doi.org/10.3389/fimmu.2019.00625>.

Lavialle, C., G. Cornelis, A. Dupressoir, C. Esnault, O. Heidmann, C. Vernochet y T. Heidmann, «Paleovirology of 'syncytins', retroviral env genes exapted for a role in placentation», *Philosophical Transactions of the Royal Society B: Biological Sciences*, 368, 2013, 20120507, <https://doi.org/10.1098/rstb.2012.0507>.

Maltepe, E., y S. J. Fisher, «Placenta: The Forgotten Organ», *Annual Review of Cell and Developmental Biology*, 31, 2015, pp. 523-552, <https://doi.org/10.1146/annurev-cellbio-100814-125620>.

Maxwell, A., N. Adzibolosu, A. Hu, Y. You, P. M. Stemmer, D. M. Ruden, M. C. Petriello, M. Sadagurski, L. K. Debarba, L. Koshko, J. Ramadoss, A. T. Nguyen,

D. Richards, A. Liao, G. Mor y J. Ding, «Intrinsic sexual dimorphism in the placenta determines the differential response to benzene exposure», *iScience*, 26, 2023, 106287, <https://doi.org/10.1016/j.isci.2023.106287>.

Mor, G., *Immunology of pregnancy*, Springer Science & Business Media, 2007.

Mor, G., P. Aldo y A. B. Alvero, «The unique immunological and microbial aspects of pregnancy», *Nature Reviews Immunology*, 17, 2017, pp. 469-482, <https://doi.org/10.1038/nri.2017.64>.

Moufarrej, M. N., S. K. Vorperian, R. J. Wong, A. A. Campos, C. C. Quaintance, R. V. Sit, M. Tan, A. M. Detweiler, H. Mekonen, N. F. Neff, C. Baruch-Gravett, J. A. Litch, M. L. Druzin, V. D. Winn, G. M. Shaw, D. K. Stevenson y S. R. Quake, «Early prediction of preeclampsia in pregnancy with cell-free RNA», *Nature*, 602, 2022, pp. 689-694, <https://doi.org/10.1038/s41586-022-04410-z>.

O'Brien, K., y Y. Wang, «The Placenta: A Maternofetal Interface», *Annual Review of Nutrition*, 43, 2023, pp. 301-325, <https://doi.org/10.1146/annurev-nutr-061121-085246>.

Pang, H., D. Lei, Y. Guo, Y. Yu, T. Liu, Y. Liu, T. Chen y C. Fan, «Three categories of similarities between the placenta and cancer that can aid cancer treatment: Cells, the microenvironment, and metabolites», *Frontiers in Oncology*, 12, 2022, 977618, <https://doi.org/10.3389/fonc.2022.977618>.

Soma-Pillay, P., C. Nelson-Piercy, H. Tolppanen y A.

Mebazaa, «Physiological changes in pregnancy», *CVJA*, 27, 2016, pp. 89-94, <https://doi.org/10.5830/CVJA-2016-021>.

Capítulo IV

Berridge, K. C., «'Liking' and 'wanting' food rewards: Brain substrates and roles in eating disorders», *Physiology & Behavior*, 97, 2009, pp. 537-550, <https://doi.org/10.1016/j.physbeh.2009.02.044>.

Castellanos, N., *Neurociencia del cuerpo: cómo el organismo esculpe el cerebro*, Kairós, 2022.

Damasio, A. R., *El error de Descartes*, Andrés Bello, 1996.

García-Segura, L. M., *Hormones and brain plasticity*, Oxford University Press, 2009.

Giné, E., C. Martínez, C. Sanz, C. Nombela, F. De Castro, «The Women Neuroscientists in the Cajal School», *Frontiers in Neuroanatomy*, 13, 2019, p. 72, <https://doi.org/10.3389/fnana.2019.00072>.

Ripoll, D. R., D. Adrover-Roig y M. P. A. Rodríguez, *Neurociencia cognitiva*, Editorial Médica Panamericana, 2014.

Sierra, A., R. C. Paolicelli y H. Kettenmann, «Cien años de microglía: milestones in a century of microglial research», *Trends in Neurosciences*, 42, 2019, pp. 778-792, <https://doi.org/10.1016/j.tins.2019.09.004>.

Von Bartheld, C. S., J. Bahney y S. Herculano-Houzel, «The search for true numbers of neurons and glial cells in the human brain: A review of 150 years of cell counting», *Journal of Comparative Neurology*, 524, 2016, pp. 3865-3895, <https://doi.org/10.1002/cne.24040>.

Yeo, B. T. T., F. M. Krienen, J. Sepulcre, M. R. Sabuncu, D. Lashkari, M. Hollinshead, J. L. Roffman, J. W. Smoller, L. Zollei, J. R. Polimeni, B. Fischl, H. Liu y R. L. Buckner, «The organization of the human cerebral cortex estimated by intrinsic functional connectivity», *Journal of Neurophysiology*, 106, 2011, pp. 1125-1165, <https://doi.org/10.1152/jn.00338.2011>.

CAPÍTULO V

Cao, J., Y. Chen y H. Wang, «11β-hydroxysteroid dehydrogenases and biomarkers in fetal development», *Toxicology*, 479, 2022, 153316, <https://doi.org/10.1016/j.tox.2022.153316>.

Crovetto, F., A. Nakaki, A. Arranz, R. Borras, K. Vellvé, C. Paules, M. L. Boutet, S. Castro-Barquero, T. Freitas, R. Casas, A. Martín-Asuero, T. Oller Guzmán, I. Morilla, A. Martínez-Àran, A. Camacho, M. Pasqual, M. Izquierdo Renau, Ó. J. Pozo, A. Gomez-Gomez, R. Estruch, E. Vieta, F. Crispi y E. Gratacós, «Effect of a Mediterranean Diet or Mindfulness-Based Stress Reduction During Pregnancy on Child Neurodevelopment: A Prespecified Analysis of the IMPACT BCN Randomized Clinical Trial», *JAMA Network Open*, 6, 2023, e2330255, <https://doi.org/10.1001/jamanetworkopen.2023.30255>.

Ledford, H., «How menopause reshapes the brain», *Nature*, 617, 2023, pp. 25-27, <https://doi.org/10.1038/d41586-023-01474-3>.

Melmed, S., *Williams. Tratado de endocrinología*, Elsevier Health Sciences, 2021.

Rechlin, R. K., T. F. L. Splinter, T. E. Hodges, A. Y. Albert, L. A. M. Galea, «An analysis of neuroscience and psychiatry papers published from 2009 and 2019 outlines opportunities for increasing discovery of sex differences», *Nature Communications*, 13, 2022, 2137, <https://doi.org/10.1038/s41467-022-29903-3>.

Servin-Barthet, C., M. Martínez-García, C. Pretus, M. Paternina-Die, A. Soler, O. Khymenets, Ó. J. Pozo, B. Leuner, Ò. Vilarroya y S. Carmona, «The transition to motherhood: linking hormones, brain and behaviour», *Nature Reviews Neuroscience*, 24, 2023, pp. 605-619, <https://doi.org/10.1038/s41583-023-00733-6>.

Smith, K., «Women's health research lacks funding – these charts show how», *Nature*, 617, 2023, pp. 28-29, <https://doi.org/10.1038/d41586-023-01475-2>.

Woitowich, N. C., A. Beery y T. Woodruff, «A 10-year follow-up study of sex inclusion in the biological sciences», *eLife*, 9, 2020, e56344, <https://doi.org/10.7554/eLife.56344>.

«Women's health: end the disparity in funding», *Nature*, 617, 2023, 8-8, <https://doi.org/10.1038/d41586-023-01472-5>.

Ammari, R., F. Monaca, M. Cao, E. Nassar, P. Wai, N. A. D. Grosso, M. Lee, N. Borak, D. Schneider-Luftman y J. Kohl, «Hormone-mediated neural remodeling orchestrates parenting onset during pregnancy», *Science*, 382, 2023, pp. 76-81, <https://doi.org/10.1126/science.adi0576>.

Bridges, R. S., «Neuroendocrine regulation of maternal behavior», *Frontiers in Neuroendocrinology*, 36, 2015, pp. 178-196, <https://doi.org/10.1016/j.yfrne.2014.11.007>.

Chaker, Z., C. Segalada, J. A. Kretz, I. E. Acar, A. C. Delgado, V. Crotet, A. E. Moor y F. Doetsch, «Pregnancy-responsive pools of adult neural stem cells for transient neurogenesis in mothers», *Science*, 382, 2023, pp. 958-963, <https://doi.org/10.1126/science.abo5199>.

Champagne, F. A., «Epigenetic mechanisms and the transgenerational effects of maternal care», *Frontiers in Neuroendocrinology*, 29, 2008, pp. 386-397, <https://doi.org/10.1016/j.yfrne.2008.03.003>.

Cómitre-Mariano, B., M. Martínez-García, B. García-Gálvez, M. Paternina-Die, M. Desco, S. Carmona y M. V. Gómez-Gaviro, «Feto-maternal microchimerism: Memories from pregnancy», *iScience*, 25, 2022, 103664, <https://doi.org/10.1016/j.isci.2021.103664>.

Goldberg, R. L., P. A. Downing, A. S. Griffin y J. P. Green, «The costs and benefits of paternal care in fish: a meta-analysis», *Proceedings of the Royal Society B*,

287, 2020, 20201759, <https://doi.org/10.1098/rspb.2020.1759>.

González-Mariscal, G. (ed.), «Patterns of parental behavior: from animal science to comparative ethology and neuroscience», *Advances in neurobiology*, Springer, Cham, Suiza, 2022.

Kinder, J. M., I. A. Stelzer, P. C. Arck y S. S. Way, «Immunological implications of pregnancy-induced microchimerism», *Nature Reviews Immunology*, 17, 2017, pp. 483-494, <https://doi.org/10.1038/nri.2017.38>.

Kohl, J., B. M. Babayan, N. D. Rubinstein, A. E. Autry, B. Marin-Rodriguez, V. Kapoor, K. Miyamishi, L. S. Zweifel, L. Luo, N. Uchida y C. Dulac, «Functional circuit architecture underlying parental behaviour», *Nature*, 556, 2018, pp. 326-331, <https://doi.org/10.1038/s41586-018-0027-0>.

Marlin, B. J., M. Mitre, J. A. D'amour, M. V. Chao y R. C. Froemke, «Oxytocin enables maternal behaviour by balancing cortical inhibition», *Nature*, 520, 2015, pp. 499-504, <https://doi.org/10.1038/nature 14402>.

Numan, M., *The parental brain: Mechanisms, development, and evolution*, Oxford University Press, 2020.

Schepanski, S., M. Chini, V. Sternemann, C. Urbschat, K. Thiele, T. Sun, Y. Zhao, M. Poburski, A. Woestemeier, M.-T. Thieme, D. E. Zazara, M. Alawi, N. Fischer, J. Heeren, N. Vladimirov, A. Woehler, V. G. Puelles, S. Bonn, N. Gagliani, I. L. Hanganu-Opatz y P. C. Arck, «Pregnancy-induced maternal microchimerism shapes neurodevelopment and behavior in mice», *Nature Communications*, 13, 2022, 4571, <https://doi.org/10.1038/s41467-022-32230-2>.

Shingo, T., «Pregnancy-stimulated neurogenesis in the adult female forebrain mediated by prolactin», *Science*, 299, 2003, pp. 117-120, <https://doi.org/10.1126/science.1076647>.

Weaver, I. C. G., N. Cervoni, F. A. Champagne, A. C. D'Alessio, S. Sharma, J. R. Seckl, S. Dymov, M. Szyf y M. J. Meaney, «Epigenetic programming by maternal behavior», *Nature Neuroscience*, 7, 2004, pp. 847-854, <https://doi.org/10.1038/nn1276>.

Wu, Z., A. E. Autry, J. F. Bergan, M. Watabe-Uchida y C. G. Dulac, «Galanin neurons in the medial preoptic area govern parental behaviour», *Nature*, 509, 2014, pp. 325-330, <https://doi.org/10.1038/nature13307>.

Capítulo VII

Abraham, E., T. Hendler, I. Shapira-Lichter, Y. Kanat-Maymon, O. Zagoory-Sharon y R. Feldman, «Father's brain is sensitive to childcare experiences». *Proceedings of the National Academy of Sciences of the United States of America*, 2014, <https://doi.org/10.1073/pnas.1402569111>.

Bartels, A., y S. Zeki, «The neural basis of romantic love», *NeuroReport*, 11, 2000, 3829-3834, <https://doi.org/10.1097/00001756-200011270-00046>.

—, «The neural correlates of maternal and romantic

love», *Neuroimage*, 21, 2004, pp. 1155-1166, <https://doi.org/10.1016/j.neuroimage.2003.11.003>.

Barth, C., y A.-M. G. de Lange, «Towards an understanding of women's brain aging: the immunology of pregnancy and menopause», *Frontiers in Neuroendocrinology*, 58, 2020, 100850, <https://doi.org/10.1016/j.yfrne.2020.100850>.

Beeri, M. S., M. Rapp, J. Schmeidler, A. Reichenberg, D. P. Purohit, D. P. Perl, H. T. Grossman, I. Prohovnik, V. Haroutunian y J. M. Silverman, «Number of children is associated with neuropathology of Alzheimer's disease in women», *Neurobiology of Aging*, 30, 2009, pp. 1184-1191, <https://doi.org/10.1016/j.neurobiolaging.2007.11.011>.

Bjertrup, A. J., N. K. Friis, y K. W. Miskowiak, «The maternal brain: Neural responses to infants in mothers with and without mood disorder», *Neuroscience & Biobehavioral Reviews*, 107, 2019, pp. 196-207, <https://doi.org/10.1016/j.neubiorev.2019.09.011>.

Carmona, S., M. Martínez-García, M., Paternina-Die, E. Barba-Müller, L. M. Wierenga, Y. Alemán-Gómez, C. Pretus, L. Marcos-Vidal, L., Beumala, R. Cortizo, C. Pozzobon, M. Picado, F. Lucco, D. García-García, J. C. Soliva, A. Tobeña, J. S. Peper, E. A. Crone, A. Ballesteros, Ò. Vilarroya, M. Desco y E. Hoekzema, «Pregnancy and adolescence entail similar neuroanatomical adaptations: A comparative analysis of cerebral morphometric changes», *Human Brain Mapping*, 40, 2019, 2143-2152, <https://doi.org/10.1002/hbm.24513>.

Comte, L., *Contribution à l'étude de l'hypophyse humaine et de ses relations avec le corps thyroïde*, G. Fischer, 1898.

Condon, J. T., *Maternal Postnatal Attachment Scale [Measurement Instrument]*, 2015, <https://doi.org/10.25957/5DC0F28D14338>.

Dahan, O., «The birthing brain: A lacuna in neuroscience», *Brain and Cognition*, 150, 2021, 105722, <https://doi.org/10.1016/j.bandc.2021.105722>.

de Lange, A.-M. G., C. Barth, T. Kaufmann, M. Anatürk, S. Suri, K. P. Ebmeier y L. T. Westlye, «The maternal brain: Region-specific patterns of brain aging are traceable decades after childbirth», *Human Brain Mapping*, 41, 2020, 4718-4729, <https://doi.org/10.1002/hbm.25152>.

de Lange, A.-M. G., T. Kaufmann, D. van der Meer, L. A. Maglanoc, D. Alnæs, T. Moberget, G. Douaud, O. A. Andreassen y L. T. Westlye, «Population-based neuroimaging reveals traces of childbirth in the maternal brain», *Proceedings of the National Academy of Sciences of the United States of America*, 116, 2019, 22341-22346, <https://doi.org/10.1073/pnas.1910666116>.

Endevelt-Shapira, Y., y R. Feldman, «Mother-infant brain-to-brain synchrony patterns reflect caregiving profiles», *Biology* (Basel), 12, 2023, p. 284, <https://doi.org/10.3390/biology12020284>.

Gonzalez, J. G., G. Elizondo, D. Saldivar, H. Nanez, L. E. Todd y J. Z. Villarreal, «Pituitary gland growth during normal pregnancy: an in vivo study using magnetic resonance imaging», *The American Journal of*

Medicine, 85, 1988, pp. 217-220, <https://doi.org/10.1016/s0002-9343(88)80346-2>.

Hoekzema, E., E. Barba-Müller, C. Pozzobon, M. Picado, F. Lucco, D. García-García, J. C. Soliva, A. Tobeña, M. Desco, E. A. Crone, A. Ballesteros, S. Carmona y Ò. Vilarroya, «Pregnancy leads to long-lasting changes in human brain structure», *Nature Neuroscience*, 20, 2017, pp. 287-296, <https://doi.org/10.1038/nn.4458>.

Hoekzema, E., C. K. Tamnes, P. Berns, E. Barba-Müller, C. Pozzobon, M. Picado, F. Lucco, M. Martínez-García, M. Desco, A. Ballesteros, E. A. Crone, Ò. Vilarroya y S. Carmona, «Becoming a mother entails anatomical changes in the ventral striatum of the human brain that facilitate its responsiveness to offspring cues», Psychoneuroendocrinology, 112, 2020, 104507, <https://doi.org/10.1016/j.psyneuen.2019.104507>.

Kim, P., J. F. Leckman, L. C. Mayes, R. Feldman, X. Wang y J. E. Swain, «The plasticity of human maternal brain: Longitudinal changes in brain anatomy during the early postpartum period», *Behavioral Neuroscience*, 124, 2010*a*, pp. 695-700, <https://doi.org/10.1037/a0020884>.

Kim, P., J. F. Leckman, L. C. Mayes, M.-A. Newman, R. Feldman y J. E. Swain, «Perceived quality of maternal care in childhood and structure and function of mothers' brain», *Developmental Science*, 13, 2010*b*, pp. 662-673, <https://doi.org/10.1111/j.1467-7687.2009.00923.x>.

Le Lionnais, F., G. Agoston y P. Bentley-Koffler, «Science is an art», *Leonardo* 2, 1969, pp. 73-78.

Lisofsky, N., J. Gallinat, U. Lindenberger y S. Kühn, «Postpartal neural plasticity of the maternal brain: Early renormalization of pregnancy-related decreases?», *Neurosignals*, 27, 2019, pp. 12-24, <https://doi.org/10.33594/000000105>.

Lorberbaum, J. P., J. D. Newman, J. R. Dubno, A. R. Horwitz, Z. Nahas, C. C. Teneback, C. W. Bloomer, D. E. Bohning, D. Vincent, M. R. Johnson, N. Emmanuel, O. Brawman-Mintzer, S. W. Book, R. B. Lydiard, J. C. Ballenger y M. S. George, «Feasibility of using fMRI to study mothers responding to infant cries», *Depress Anxiety*, 10, 1999, pp. 99-104, <https://doi.org/10.1002/(sici)1520-6394(1999)10:3<99::aid-da2>3.0.co;2-#>.

Luders, E., F. Kurth, M. Gingnell, J. Engman, E.-L. Yong, I. S. Poromaa y C. Gaser, «From baby brain to mommy brain: Widespread gray matter gain after giving birth», *Cortex*, 126, 2020, pp. 334-342, <https://doi.org/10.1016/j.cortex.2019.12.029>.

Martínez-García, M., M. Paternina-Die, E. Barba-Müller, D. Martín de Blas, L. Beumala, R. Cortizo, C. Pozzobon, L. Marcos-Vidal, A. Fernández-Pena, M. Picado, «Do pregnancy-induced brain changes reverse? The brain of a mother six years after parturition», *Brain Sciences*, 11, 2021, p. 168.

Martínez-García, M., M. Paternina-Die, S. I. Cardenas, Ò. Vilarroya, M. Desco, S. Carmona y D. E. Saxbe, «First-time fathers show longitudinal gray matter cortical volume reductions: evidence from two international samples», *Cerebral Cortex*, 2022, <https://doi.org/10.1093/cercor/bhac333>.

Oatridge, A., A. Holdcroft, N. Saeed, J. V. Hajnal, B. K. Puri, L. Fusi y G. M. Bydder, «Change in brain size during and after pregnancy: study in healthy women and women with preeclampsia», *American Journal of Neuroradiology*, 23, 2002, pp. 19-26.

Orchard, E. R., P. G. D. Ward, F. Sforazzini, E. Storey, G. F. Egan y S. D. Jamadar, «Relationship between parenthood and cortical thickness in late adulthood», *PLOS ONE*, 15, 2020, e0236031, <https://doi.org/10.1371/journal.pone.0236031>.

Paternina-Die, M., M. Martínez-García, D. M. De Blas, I. Noguero, C. Servin-Servet, C. Pretus, A. Soler, G. López-Montoya, M. Desco y S. Carmona, «Women's neuroplasticity during gestation, childbirth, and postpartum (preprint)», 2023, en revisión, <https://doi.org/10.1038/s41593>.

Paternina-Die, M., M. Martínez-García, C. Pretus, E. Hoekzema, E. Barba-Müller, D. Martín de Blas, C. Pozzobon, A. Ballesteros, Ò. Vilarroya, M. Desco y S. Carmona, «The Paternal Transition Entails Neuroanatomic Adaptations that are Associated with the Father's Brain Response to his Infant Cues», *Cerebral Cortex Communications*, 1. 2020, <https://doi.org/10.1093/texcom/tgaa082>.

Porter, A., S. Fei, K. S. F. Damme, R. Nusslock, C. Gratton y V. A. Mittal, «A meta-analysis and systematic review of single vs. multimodal neuroimaging techniques in the classification of psychosis», *Molecular Psychiatry*, 28, 2023, 3278-3292, <https://doi.org/10.1038/s41380-023-02195-9>.

Rilling, J. K., «The neural and hormonal bases of human parentalcare», *Neuropsychologia*, 51, 2013, pp. 731-747, <https://doi.org/10.1016/j.neuropsychologia.2012.12.017>.

Saxbe, D., M. Martínez-García, S. I. Cardenas, Y. Waizman y S. Carmona, «Changes in left hippocampal volume in first-time fathers: Associations with oxytocin, testosterone, and adaptation to parenthood», *Journal of Neuroendocrinology* n/a, s. f., e13270, <https://doi.org/10.1111/jne.13270>.

Swain, J. E., J. P. Lorberbaum, S. Kose y L. Stratearn, «Brain basis of early parent-infant interactions: psychology, physiology, and in vivo functional neuroimaging studies», *The Journal of Child Psychology and Psychiatry*, 48, 2007, pp. 262-287, <https://doi.org/10.1111/j.1469-7610.2007.01731.x>.

Swain, J. E., E. Tasgin, L. C. Mayes, R. Feldman, R. Todd Constable, J. F. Leckman, «Maternal brain response to own baby-cry is affected by cesarean section delivery», *The Journal of Child Psychology and Psychiatry*, 49, 2008, pp. 1042-1052, <https://doi.org/10.1111/j.1469-7610.2008.01963.x>.

Capítulo VIII

McCormack, C., B. L. Callaghan, J. L. Pawluski, «It's Time to Rebrand Mommy Brain», *JAMA Neurology*,

2023, (4):335-336, <http://doi: 10.1001/jamaneu
rol.2022.5180. PMID: 36745418>.

Orchard, E. R., H. J. V. Rutherford, A. J. Holmes y S. D.
Jamadar, «Matrescence: lifetime impact of motherhood on cognition and the brain», *Trends in Cogniti-
ve Sciences*, 2023, S1364661322003023, <https://doi.
org/10.1016/j.tics.2022.12.002>.

Serrallach, O., *The postnatal depletion cure: A complete
guide to rebuilding your health and reclaiming your
energy for mothers of newborns, toddlers and young
children*, Hachette, Reino Unido, 2018.

Van 't Hof, S. R., M. Straathof, K. Spalek y E. Hoekzema,
«Theory of mind during pregnancy and postpartum:
A systematic review», *Journal of Neuroendocrinology*, 35, 2023, e13266, <https://doi.org/10.1111/
jne.13266>.

Winnicott, D. W., «Primary maternal preoccupation. The
maternal lineage: Identification, desire, and transgenerational issues», 1956, pp. 59-66.

Capítulo IX

Cox, J. L., J. M. Holden y R. Sagovsky, «Detection of
postnatal depression: Development of the 10-item
Edinburgh Postnatal Depression Scale», *The British
Journal of Psychiatry* 150, 1987, pp. 782-786, <https://
doi.org/10.1192/bjp.150.6.782>.

Garcia-Esteve, L., C. Ascaso, J. Ojuel y P. Navarro, «Va-
lidation of the Edinburgh Postnatal Depression Scale

(EPDS) in spanish mothers», *Journal of Affective Disorders*, 75, 2003, pp. 71-76, <https://doi.org/10.1016/S0165-0327(02)00020-4>.

Manso-Córdoba, S., S. Pickering, M. A. Ortega, Á. Asúnsolo y D. Romero, «Factors related to seeking help for postpartum depression: A secondary analysis of New York City PRAMS Data», *International Journal of Environmental Research and Public Health*, 17, 2020, 9328, <https://doi.org/10.3390/ijerph17249328>.

Wang, Z., J. Liu, H. Shuai, Z. Cai, X. Fu, Y. Liu, X. Xiao, W. Zhang, E. Krabbendam, S. Liu, Z. Liu, Z. Li y B. X. Yang, «Mapping global prevalence of depression among postpartum women», *Translational Psychiatry*, 11, 2021, p. 543, <https://doi.org/10.1038/s41398-021-01663-6>.